GRAÇA, FÉ & SANTIDADE

GRAÇA, FÉ & SANTIDADE

ANOTAÇÕES DO 30º ANIVERSÁRIO

H. Ray Dunning

Publicado por

LITERATURA
Nazarena Portuguesa
LISBOA

Tradução para o português europeu (pré-AO90)
por Susana Reis Gomes, Maria João Petticrew e Priscila Guevara

Índice

1

Sobre *Graça,*
Fé & Santidade

Ser "comissionado a produzir uma teologia sistemática na tradição wesleyana que seja fiel aos padrões doutrinários da Igreja do Nazareno e ao mesmo tempo que seja ciente e dialogue com o pensamento contemporâneo teológica, filosófica, psicológica e culturalmente"[1] foi a maior honra que me foi concedida durante a minha carreira académica. Não me senti e ainda não me sinto qualificado para essa tarefa. Na verdade, ainda não compreendi completamente porque fui escolhido quando haviam outros mais qualificados. O facto de que Graça, Fé e Santidade (GF&S) não apenas sobreviveu, mas continua a ser, amplamente, usado após trinta anos, tendo sido inclusive traduzido em pelo menos duas línguas estrangeiras (russo e árabe), continua a surpreender-me. É de alguma forma espantoso que seja, amplamente, usado na Rússia por outros grupos que não são nazarenos.

Ser "comissionado a produzir uma teologia sistemática na tradição wesleyana que seja fiel aos padrões doutrinários da Igreja do Nazareno e ao mesmo tempo que seja ciente e dialogue com o pensamento contemporâneo teológica, filosófica, psicológica e culturalmente" foi a maior honra que me foi concedida durante a minha carreira académica. Não me senti e ainda não me sinto qualificado para essa tarefa. Na verdade, ainda não compreendi completamente porque fui escolhido quando haviam outros mais qualificados. O facto de que *Graça, Fé e Santidade (GF&S)*

---

1 Board of General Superintendents, "Foreword," *Grace, Faith, and Holiness* (1988), 7.

7

não apenas sobreviveu, mas continua a ser, amplamente, usado após trinta anos, tendo sido inclusive traduzido em pelo menos duas línguas estrangeiras (russo e árabe), continua a surpreender-me. É de alguma forma espantoso que seja, amplamente, usado na Rússia por outros grupos que não são nazarenos.

Realisticamente, haviam tensões implícitas no comissionamento que, após oito anos da escrita do livro, se tornaram por vezes algo incisivas. O desafio de produzir uma teologia sistemática que incluísse tanto a tradição wesleyana como os padrões doutrinários da denominação e que também interagisse com o pensamento contemporâneo era uma tarefa assustadora. Além disso, deveria ter sido reconhecido desde o início que nenhum sistema teológico poderia ser reconhecido como a declaração oficial da denominação. O trabalho de H. Orton Wiley, quase como regra, tinha sido considerado uma versão quase oficial. Quando os editores começaram a anunciar o meu projecto como um substituto do livro de Wiley, tomei a iniciativa de informá-los que, assim como George Washington, Wiley era "o primeiro no coração dos seus compatriotas" e que nenhum trabalho seria reconhecido, durante muito tempo ou talvez nunca, com a mesma autoridade que a sua obra de três volumes tinha tido. As controvérsias que surgiram, subsequentemente, demonstraram a validade desse julgamento.

Por um lado, havia uma tensão implícita sobre a questão de reunir a tradição wesleyana (que implicava o ensino de João Wesley) e o credo denominacional. A Igreja do Nazareno surgiu no contexto das campanhas de santidade, por volta da mudança do século. Esse movimento fez alguns desvios significativos do ensino de Wesley, os quais se reflectiram em alguns dos Artigos de Fé. É de interesse significativo o facto de que ao longo destes trinta anos (quase quarenta desde o início do projecto), alguns artigos passaram por transformações, uns em direcção a uma maior conformidade com o pensamento wesleyano primitivo. Esta transformação deve-se em parte a um número crescente de estudiosos da denominação que conhecem os ensinos de Wesley e a quem foi permitido contribuir para a reformulação destes padrões. É necessário fazer mais. Ao mesmo tempo, algumas mudanças foram feitas que fortaleceram as ênfases da perspectiva do século dezanove.

Em 1976, um acréscimo extensivo foi adicionado ao Artigo X que visava, claramente, contrariar a crença disseminada, pelo menos entre os leigos, de que a experiência da inteira santificação impedia um maior crescimento e desenvolvimento na vida cristã. Nenhuma mudança adicional foi feita até 1985, em que acréscimos significativos foram feitos ao Artigo V sobre o pecado. A intenção aparente aqui era enfatizar a distinção entre dois tipos de pecado — pecado original (ou depravação) e pecado real (ou pessoal). Semelhante a João Wesley, o Artigo reconhece que o pecado inclui atitudes contrárias ao espírito de Cristo. Foi feita uma distinção cuidadosa entre os comportamentos que são de natureza voluntária e as falhas involuntárias que são "efeitos residuais da queda."[2]

Nesta revisão de 1985 foi a primeira vez que a frase "efeitos residuais da queda" apareceu nos Artigos de Fé, representando a influência de um maior afastamento da filosofia moral de João Wesley. Como será abordado mais detalhadamente nas nossas notas cerca da santificação, ela deriva do Movimento da Santidade Americano, que rejeita (não conscientemente, suponho) as perspectivas de Wesley e, em vez disso, adopta uma filosofia moral derivada da filosofia do senso comum desenvolvida por Thomas Reid que se tornou a filosofia dominante na América durante este período, substituindo a de John Locke. Reagindo ao determinismo do empirismo de David Hume e a sua implicação na escolha moral, Reid ensinara que nenhuma qualidade moral se associava a qualquer acto ou afeição que não resultasse de uma escolha voluntária. Esta filosofia permaneceu no centro das crescentes discussões no Movimento de Santidade sobre a distinção entre carnalidade e humanidade. A primeira sendo separável da natureza humana essencial e a segunda como a fonte de numerosas falhas e fracassos, até mesmo as afeições contrárias à mente de Cristo. A carnalidade como algo que está "muito abaixo e muito atrás" e separado, poderia assim ser erradicada por um acto da graça transformadora, mas este "resíduo" permanece até ao fim da vida moral. Como iremos notar mais à frente, este é um afastamento da doutrina clássica do pecado original.

Em 1989, um Artigo de Fé completamente novo (Artigo XI) foi acrescentado à "A Igreja." Naquele ano, ao apresentar a proposta do Artigo à Assembleia Geral, a comissão designada para o formular fez sugestões adicionais em relação à ordem dos Artigos e à mudança do título do Artigo VII de "Livre Arbítrio" para "Graça (Gratuita)" para estar em maior conformidade com a teologia wesleyana. Gerou-se uma grande confusão, visto que o corpo da convenção não entendeu que a graça gratuita era um conceito distintamente wesleyano após um membro sugerir que ele era calvinista. A convenção, de igual modo, não compreendeu que a ordem bíblica da fé colocara a doutrina da igreja antes da salvação individual, e rejeitou a proposta da comissão para o fazer.

Em vez disso, a acção da Assembleia demonstrou uma ordem de experiência que falhou em ver a igreja como algo para vai além de uma instituição humana, ainda que o novo Artigo declarasse o contrário. A declaração decisiva foi feita por um pastor proeminente: "Quero ser salvo antes de me

2 *Church of the Nazarene Manual: 2017–2021* (Kansas City, MO: Nazarene Publishing House, 2018), 28.

juntar à igreja." Seguindo este raciocínio, o artigo sobre a Cura Divina foi alterado para antes dos outros dois sobre o destino final, na premissa de que desejamos ser curados antes de irmos para o céu. Uma pequena mudança foi feita em 1997 na redacção do Artigo sobre Cura Divina, para usar uma linguagem mais simples e clara afirmando a crença na medicina moderna. O título do artigo sobre Livro Arbítrio foi, finalmente, intitulado "Graça Preveniente" em 2001, outro pequeno passo em direcção a tornarmo-nos mais autenticamente wesleyanos.

O primeiro grande desenvolvimento no Artigo X sobre a santificação ocorreu na Assembleia Geral de 2009. Este fez uma importante distinção entre santificação e inteira santificação, ao reconhecer, implicitamente, a primeira como um processo vitalício que "transforma os crentes à semelhança de Cristo."[3] É um afastamento significativo da compreensão pneumatológica da santidade americana sobre a santificação. Embora articulada na terminologia cristológica, foi implicitamente reconhecido — pela primeira vez na história da denominação — que a santificação bíblica wesleyana é genericamente definida como renovação das pessoas humanas à imagem de Deus. Afastou-se cautelosamente da identificação da inteira santificação com o baptismo com Espírito pela adição do termo "enchimento." Paul M. Bassett diz num papel branco, "Pouco ou nenhum apoio pode ser encontrado entre os estudiosos bíblicos nazarenos ou teólogos para a visão "Oberlin" de Charles Finney e Asa Mahan (adoptado para a tradição de santidade wesleyana por Phoebe Palmer e Daniel Steele) que o pentecostal "baptismo do Espírito" em Actos 2 pode ser considerado como o equivalente *exacto* da inteira santificação do indivíduo." Infelizmente, o Artigo revisto manteve a pretensão de que esta experiência libertava o crente do pecado original ou da depravação.

Foi feita uma pressão adicional ao meu trabalho original com a nomeação de uma comissão de supervisão, cuja responsabilidade era, na minha percepção, manter a teologia segura e não se desviar da compreensão da doutrina nazarena da referida comissão. Metodologicamente, este acto sugere a possibilidade de dificuldades, uma vez que a natureza da teologia sistemática exige que o material seja filtrado através de uma mente para que tenha coerência lógica e consistência metodológica. Até então, os principais trabalhos promovidos pela denominação tinham sido produzidos por comissões por várias razões, incluindo possivelmente a funcionalidade do controlo e equilíbrio. A antecipação de possíveis diferenças de perspectiva expressou-se na base. No início do processo, solicitei que os membros da comissão sugerissem várias obras que considerassem necessárias a minha

---

3 Ibid., 31.

consulta na preparação para o desenvolvimento de uma teologia sistemática. Na prática, todas as fontes que recomendaram eram fundamentalistas, mas a comissão apontou uma direcção diferente ao validar apenas os resultados da pesquisa do Dr. Paul M. Bassett, apresentados num ensaio de referência chamado "The Fundamentalist Leavening of the Holiness Movement" [O Fermento Fundamentalista do Movimento de Santidade].

Além disso, um dos membros da comissão tinha publicado, anteriormente, um livro sobre autoridade bíblica e subsequentemente outro acerca da expiação. Em ambos foram defendidas posições com as quais eu discordava radicalmente e que a maioria dos meus colegas da academia acreditavam não ser, consistentemente, wesleyanas. Questões como estas fervilharam por algum tempo, mas irromperam numa tensão explícita quando se tornou óbvio que *GF&S* seria uma teologia expressa em termos de ontologia relacional. No processo das discussões (que sempre foram pacíficas), ficou claro que os que se opunham a essa abordagem não entendiam a afirmação relacional. Felizmente, pelo menos um membro do grupo teve treinamento formal em filosofia, reconheceu a validade dessa abordagem e ajudou a equilibrar a discussão.

É importante salientar o facto de que durante o período da gestação, pastores e outros interessados no projecto — praticamente todos — perguntavam se esta seria uma teologia relacional. Ficaram todos aliviados quando lhes garanti que era. Mais interessante ainda foi quando, posteriormente, publiquei *A Layman's Guide to Sanctification* [Um Guia de Leigos para a Santificação], um membro da comissão, que tinha sido o mais forte oponente ao ponto de vista relacional, me escreveu e disse: "Se é isso que quer dizer, estamos em sintonia."

Quando o projecto foi concluído e submetido à comissão do livro, houve uma voz da comissão de supervisão que apelou para que não fosse publicado, salvo se fosse como uma expressão pessoal de crença, mas não endossado denominacionalmente. Esta reserva era baseada na presunção do membro da comissão de que *GF&S* não se conformava com a compreensão do membro da comissão sobre a teologia wesleyana — que era informada pela tradição americana de santidade. Por fim, a comissão do livro votou unanimemente e com entusiasmo a sua aprovação, tendo os superintendentes gerais concordado e os dados foram lançados.

No entanto, a publicação não resolveu a controvérsia, e pelo menos um livro foi escrito com o propósito de expor os meus erros. Descobriu-se, após atenção cuidada da crítica, que o crítico interpretou o livro tão mal que parecia que nunca o tinha lido.[4] Mas, num volume que traça a história

---

4   A correspondência sobre esta questão permanece nos arquivos nazarenos, contidos no Centro de Ministérios Global da Igreja do Nazareno em Lenexa, Kansas (E.U.A.).

da teologia da santidade na igreja ao longo do século vinte, a minha obra foi classificada como uma "teologia subversiva."

Quando escrevi GF&S, ainda estávamos a desfrutar do brilho do renascimento teológico que ocorreu depois da Segunda Guerra Mundial, associado aos nomes de Karl Barth, Emil Brunner, Reinhold Niebuhr, Paul Tillich e Rudolf Bultmann, juntamente com outros teólogos menos dominantes. Nos nossos dias, parece não haver nenhum teólogo que domine a conversação como naqueles dias. Na verdade, a maioria das figuras públicas com as quais os wesleyanos e outros evangélicos, provavelmente, interagiram parecem ser estudiosos da Bíblia que, nas últimas três décadas, perpetuaram um avanço revolucionário na erudição do Novo Testamento que tem estado a balançar o mundo académico cristão. Os estudiosos na vanguarda da revolução — E. P. Sanders, James D. G. Dunn, N. T. Wright e outros — foram pioneiros de uma nova abordagem das cartas do apóstolo no primeiro século aos gentios, Paulo de Tarso. Dunn, na sua palestra, Memorial do Manson de 1982, cunhou a frase "a nova perspectiva sobre Paulo."[5]

Assim como os maiores pontos de transição na história cristã com Agostinho, Lutero e Barth, este movimento também gira em torno de uma reinterpretação dos livros de Romanos e Gálatas. O movimento começou a florescer com o trabalho pioneiro de Ed Sanders, *Paul and Palestinian Judaism* [Paulo e o Judaísmo Palestiniano]. Emergiu, em grande parte, da compreensão mais adequada do Second Templte Judaism [Judaísmo do Segundo Templo] que foi o resultado de novas descobertas de fontes relevantes, incluindo os Manuscritos do Mar Morto. Tal como aconteceu com as outras novas propostas na história da teologia cristã, este movimento encontra grande oposição por parte dos defensores do padrão existente. O fascinante dessa controvérsia é que os oponentes são principalmente da persuasão Reformada. N. T. Wright, em particular, tem articulado conclusões exegéticas que se aproximam, significativamente, das convicções e interpretações wesleyanas. Por conseguinte, ele seria muito provavelmente um parceiro de diálogo importante em explorações teológicas posteriores.

---

5 Veja www.thepaulpage.com.

2

Wesley como Mentor

Anexo ao capítulo 11 da GF&S
"A Obra do Salvador"

Passei a entender melhor a importância da distinção de Mildred Wynkoop entre João Wesley como guru ou mentor. Um mentor, definiu ela, "é um guia e crítico. A sua tarefa é apresentar àquele que está ao seu cuidado as fontes de informação, evitar que o aluno se desvie por caminhos erróneos e infrutíferos, e encorajá-lo a explorar o seu próprio potencial à medida que aprende a dominar o seu ramo de actividade. Um mentor fica satisfeito quando o aluno o supera." Por outro lado, "O guru é um mestre. ... A inovação não é a prerrogativa do seguidor. Ele deixa de lado a iniciativa pessoal. O guru é um pequeno deus."[1] A opinião dela era simplesmente que deveríamos ver Wesley como um mentor e não como um guru.

Observou-se em *GF&S* que eu considerava haver uma disparidade entre as declarações imprecisas de Wesley sobre a expiação e os compromissos teológicos centrais dele. Fui severamente recriminado por essa declaração por um crítico. Na verdade, Wesley deixou uma série de questões pendentes aos seus sucessores. O erudito wesleyano Rob L. Staples afirmou que um dos propósitos da sua tese de doutoramento era "resolver as inconsistências do pensamento de [Wesley] — inconsistências que são reconhecidas pela maioria dos estudiosos de Wesley." Em particular, Staples destacou o fracasso de Wesley em conciliar a sua repetida afirmação de que a santificação era tanto instantânea como progressiva. Um dos meus desafios foi

---

1   Mildred Bangs Wynkoop, "John Wesley — Mentor or Guru?" *Wesleyan Theological Journal* 10, n. 1 (1975),

abordar essa questão que, com toda a honestidade, não fiz adequadamente, porque capitulei demasiado perante a pressão da tradição em vez de depender da sólida exegese bíblica.

Samuel Chadwick, em *The Call to Christian Perfection* [A Chamada à Perfeição Cristã], um dos clássicos mais perceptivos da santidade, fez alguns comentários interessantes relevantes ao ensino da santidade de Wesley. Ele declarou: "A declaração de Wesley [acerca da doutrina da perfeição Cristã] estava obviamente incompleta, mas se estivesse completa teria necessidade de um novo nascimento para uma nova era." Chadwick disse ainda sobre a literatura da sua época, "A literatura sobre o tema é singularmente decepcionante. Durante alguns anos, incitei os jovens estudiosos bíblicos do ministério a explorar e reafirmar o ensino das Escrituras sobre o assunto da santidade. Espero que alguns estejam a fazê-lo. Estou certo de que deve ser feito, pois, embora o testemunho seja sincero, o ensino é confuso, não relacionado e incompleto."[2]

O teólogo wesleyano conhecido internacionalmente Albert C. Outler constatou que Wesley "não se protegeu como deveria" contra a teoria de "perfeição sem pecado," ideia essa que rejeitou explicitamente, sustentando a de uma "perfeição perfectível." O resultado foi uma clara mudança entre alguns dos sucessores de Wesley para a reivindicação de uma "perfeição aperfeiçoada" expressa, afirmou Outler, na distinção discutível entre "um coração perfeito e um carácter perfeito," ou entre "pureza e maturidade," distinção que é ainda, amplamente, empregue no Movimento da Santidade.[3]

Uma outra ambiguidade em Wesley diz respeito à natureza do pecado e sua relação com a santificação. Ele, ocasionalmente, referiu-se ao aspecto instantâneo da santificação como a destruição da "raiz do mal," a acção divina na qual "o pecado inato não subsiste mais." Esta explicação implica a ideia de que o pecado é uma substância que pode ser removida. No entanto, ele é igualmente enfático na natureza relacional, momento a momento, da vida santificada.

Infelizmente, os seguidores de Wesley no século dezanove e início do século vinte seguiram, de um modo geral, as implicações substanciais dessa ambiguidade com resultados confusos, pelo menos a nível popular. Abordando esta interpretação, Wynkoop comenta: "Sempre foi uma convicção profunda do wesleyanismo de que a Bíblia fala ao comportamento

---

2   Samuel Chadwick, *The Call to Christian Perfection* (Kansas City, MO: Beacon Hill Press, 1943), p. 24.

3   Albert C. Outler, *Theology in the Wesleyan Spirit* (Nashville: Tidings, 1975), p. 79–80. Esta fórmula pode ser apropriada com uma compreensão adequada da pureza. Veja o capítulo 9 deste volume, "Sobre Santificação."

moral dos homens e não das áreas sub-racional ou impessoal do eu," e lamenta o resultado da interpretação das Escrituras desta forma "impessoal" como sendo "alarmante e perigosa... uma tragédia espiritual."[4]

Harald Lindstrom chama a atenção para uma outra ambiguidade em Wesley relacionada com o uso da terminologia da santificação. Ele diz: "A santificação em si mesma é raramente apresentada em toda a sua gama. A concepção é normalmente restrita. Às vezes, conota a perfeição cristã, sem considerar o desenvolvimento gradual da santificação, apenas desde o seu início no novo nascimento. Na verdade, às vezes, o último é incluído, mas a inteira santificação é então minimizada. Contudo, em nenhuma das alternativas o significado da visão total da salvação de Wesley, do princípio da inteira santificação, tem sido claramente explicado."[5]

A melhor forma de ser fiel à herança wesleyana é não substituir o estudo cuidadoso das Escrituras pelo ensino de Wesley e, também, reconhecer a autoridade das Escrituras baseada nos melhores métodos exegéticos disponíveis. Podemos, sem dúvida, dizer de Wesley o que N. T. Wright disse acerca dos reformadores protestantes: "Certamente que Lutero, Melancton, Calvino e os restantes nos aconselhariam a ler o Novo Testamento ainda melhor do que eles o fizeram, não estabelecendo os seus próprios trabalhos como uma nova tradição de autoridade, uma lente fixa através da qual a Bíblia teria de ser visualizada para sempre."[6]

---

4   Mildred Bangs Wynkoop, *A Theology of Love: The Dynamic of Wesleyanism* (Kansas City, MO: Beacon Hill Press de Kansas City, 1972), p. 51.

5   Harald Lindstrom, *Wesley and Sanctification: A Study in the Doctrine of Salvation* (Wilmore, KY: Francis Asbury Press, 1946), 15.

6   N. T. Wright, "Redemption from a New Perpective" em *Redemption,* ed. S. T. David, et. al. Oxford: Oxford University Press, 2006, p. 76.

3

Autoridade Bíblica

Anexo ao capítulo 2 da GF&S
"As Fontes da Teologia: A Bíblia"

Quem faça teologia sistemática no contexto evangélico será, eventualmente, levado a debater a autoridade e inspiração da Bíblia em relação à revelação. Embora esta questão tenha sido debatida desde os primórdios, apresentou-se em primeiro plano com a ascensão do modernismo do Iluminismo do século dezoito. Este assunto, nesse contexto, parecia incorporar-se na chamada vala horrível de Gotthold Ephraim Lessing: a verdade é encontrada nas verdades da razão mais do que derivadas dos "eventos contingentes da história."

A situação mudou, e durante o período histórico em que GF&S foi produzida, a revelação foi largamente interpretada como tendo ocorrido nos "poderosos actos de Deus" registados nas Escrituras, dos quais cinco tinham uma importância reveladora particular. Essa foi a abordagem adoptada em GF&S bem como em outras obras nazarenas.[1] No entanto, esta visão, teve alguns problemas; um dos quais foi que se concentrou num segmento do cânone relativamente pequeno. Tentei abordar esta questão identificando outros aspectos do material bíblico sob a rubrica da "bênção," seguindo Claus Westermann, e o restante como "teologia da criação."[2] Mas cheguei à conclusão de que nenhuma teoria da autoridade e

---

1 Veja W. T. Purkiser, Richard Shelley Taylor e Willard H. Taylor, *God, Man, and Salvation: A Biblical Theology* (Kansas City, MO: Beacon Hill Press de Kansas City, 1977); veja também W. T. Purkiser, *Exploring Our Christian Faith* (Kansas City, MO: Beacon Hill Press de Kansas City, 1978).
2 Isto inclui a Literatura de Sabedoria.

inspiração da qual tenho conhecimento tem a última palavra sobre esta questão. Isso deve-se, particularmente, ao facto de que a maioria, senão todas, as teorias evangélicas predominantes não começam com o texto, mas num outro lugar e depois desenvolvem uma teoria que é imposta ao texto.[3] Numa palavra, em última instância transforma a Bíblia naquilo que queremos que seja, em vez de reconhecer o que ela é. A diversidade e complexidade do material bíblico resiste à conformidade a tais teorias.

Um problema associado que se coloca é que, se as suas implicações lógicas forem cuidadosamente analisadas, virtualmente todas as chamadas teorias evangélicas da inspiração assumem teoricamente que a revelação é de natureza proposicional, pelo menos implicitamente. Quanto mais uma teoria tende para a inerrância, mais óbvio isto se torna. Um número de factos milita contra esta conclusão, não sendo o menor deles a realidade de que só temos cópias de textos e não manuscritos (escritos originais). Ademais, existe uma certa diversidade entre os vários manuscritos, com académicos a procurarem o que tem sido chamado "baixa crítica" tentando identificar os textos mais autênticos. Quando somamos as inúmeras traduções do chamado texto recebido, incluindo paráfrases, todas parecendo ser eficazes na comunicação da perspectiva bíblica, o efeito cumulativo leva, infalivelmente, à conclusão de que é a *mensagem* global que tem o peso da autoridade. E essa mensagem não depende, necessariamente, de uma forma específica do texto.

À luz destas observações, acredito agora que o método mais sólido passa por identificar uma abordagem mais narrativa do cânone, ou seja, levar mais a sério o que a Bíblia *é* — em vez de uma colecção de proposições teológicas ou um conjunto de pepitas devocionais enfiadas como pérolas num colar. E essa narrativa toma a forma de uma "história sobre um criador e a sua criação, sobre seres humanos feitos à imagem deste criador e a quem foram dadas tarefas para realizar, sobre a rebelião dos humanos e a dissonância da criação em todos os níveis, e particularmente sobre a actuação do criador, através de Israel e de forma culminante por meio de Jesus, para resgatar a sua criação da sua decorrente condição. A história continua com o criador a agir, por meio do seu próprio espírito, dentro do mundo para o levar à restauração, que é o seu objectivo pretendido."[4]

---

3 Cf. W. Ralph Thompson, "Facing Objections Raised against Biblical Inerrancy," *Wesleyan Theological Journal*, vol. 3 (Primavera de 1968). Ele diz: "A doutrina da inerrância bíblica surge, em primeiro lugar, da premissa lógica de que o infalível Deus da Verdade não iria e não poderia dirigir os Seus instrumentos humanos para escrever qualquer coisa que é falsa, mesmo em seus ínfimos detalhes." A Wesleyan Theological Society afastou-se dessa perspectiva ao atingir a maturidade teológica.

4 N. T. Wright, *The New Testament and the People of God: Christian Origins and the Question of God*, vol. 1 (Minneapolis: Fortress Press, 1992), 132.

A importância desta abordagem é reflectida nas palavras incisivas de N. T. Wright: "A teologia cristã precisa do estudo da Bíblia. Para ser verdadeiramente cristã, ela deve demonstrar que inclui a história que a Bíblia conta e as sub-histórias dentro desta. Sem isso, decai num mero uso *ad hoc* da Bíblia, encontrando fragmentos para encaixar num esquema vindo de algum lugar. Se encontrar uma prova de texto ou um tema a partir da Bíblia é o que conta, então a teologia está simplesmente a reproduzir o pior fenómeno de um biblicismo anterior de prova textual."[5]

A partir desta perspectiva narrativa, reconhecemos tanto os elementos normativos como os não normativos no texto. As passagens de maior valor na narrativa são aquelas que levam a história na sua forma normativa à sua expressão mais completa, incluindo, em particular, a chamada e a aliança do Senhor com Abraão. Ainda estou convencido de que a análise no apêndice sobre "Hermenêutica" (GF&S pág. 563-598) é a melhor maneira de reconhecer a autoridade do texto, mas precisa de uma descrição mais completa, que pode ser feita comparando o valor e a validade. Uma nota de dez dólares do dinheiro da Confederação [moeda americana antes da guerra civil] pode ter o mesmo valor ostensivo que uma de dez dólares do dinheiro da "União" [moeda americana pós-guerra civil], mas já não é válida e não comprará nada nos dias de hoje. Por outro lado, uma nota de um dólar e um centavo em dinheiro americano são ambos válidos neste país. Ambos são gastos, mas obviamente não têm o mesmo valor. A questão é que existem passagens bíblicas que transmitem a cosmovisão da Escritura a uma expressão mais completa do que outras (por exemplo João 3:16) e por isso têm maior valor — mas todas são válidas. Algumas simplesmente têm valor mínimo na expressão da cosmovisão da Escritura, ou teologia. Existe, claramente, um valor teológico positivo mínimo na história registada em Juízes 20, do levita que esquartejou a sua concubina após esta ser violada por um gangue.

De certo modo, pode-se argumentar que Wesley utilizou uma adaptação desta abordagem no seu apelo à "analogia da fé."[6] Ainda que Wesley a tenha interpretado em termos de quatro verdades soteriológicas, que resultaram na posterior descoberta demasiado fácil de doutrinas cristãs ortodoxas no texto, isso forneceu-lhe um meio para avaliar todos os documentos e proporcionou-lhe "uma visão autêntica sobre a convicção partilhada que

---

5   Ibid., 138.
6   Veja Randy L. Maddox, *Responsible Grace: João Wesley's Practical Theology* (Nashville: Kingswood Books, 1994), 38. "O que ajudou Wesley a evitar provar o texto (bíblico) de forma fragmentada foi outro dos seus princípios exegéticos de que qualquer Escritura em particular deve ser interpretada de acordo com a 'analogia da fé'... Este termo refere-se a uma cadeia ligada de verdades bíblicas."

torna os muitos livros da Escritura num só Livro."[7] W. T. Purkiser chega quase a afirmar o mesmo quando diz, "A preocupação da teologia do
Antigo Testamento deveria ser com a religião normativa deste e não a 'teologia popular' ou ideias religiosas populares da época."[8] É claro que tudo
faz parte da história.

A abordagem narrativa atinge o mesmo objectivo ao discernir a unidade de todo o cânone, reconhecendo que a história atinge o seu clímax com
Jesus Cristo, que trouxe essa história à sua pretendida culminação com a
inauguração do reino de Deus e o cumprimento das promessas de uma
única família universal antecipada no pacto abraâmico. Esta perspectiva
evita a busca largamente infrutífera por determinadas passagens proféticas
para as quais declarações no Novo Testamento apelam como tendo sido
cumpridas. Por exemplo, Paulo usa o Antigo Testamento não tanto para
procurar equivalentes da profecia e cumprimento, mas para colocar os no-
vos eventos redentores directamente no contexto da história redentora do
Antigo Testamento.[9] Desta forma, ele pode aplicar à igreja citações que no
Antigo Testamento se referem apenas a Israel (Romanos 9:25-26). A implicação é que o povo do Messias é o verdadeiro povo de Deus, em contínuo
com o Israel do Antigo Testamento. Este modo de conceptualizar a questão do cumprimento fornece um princípio de interpretação das suas palavras em 1 Coríntios 15:1-4, na essência do qual estão as palavras, "Cristo
[o Messias] morreu por nossos pecados segundo as Escrituras,... foi sepul-
tado, ... ressuscitou no terceiro dia, segundo as Escrituras"(vv. 3b–4). De
certo modo, esta é uma contradição da esperança messiânica, mas faz perfeito sentido quando visto como o cumprimento da narrativa que incor-
pora a cosmovisão bíblica.

A proposta de N.T. Wright é útil para identificar a autoridade desta história, comparando-a a uma peça com um acto final, inacabado, que "nós"
temos de escrever com base nas pistas que são dadas nos primeiros actos.
Ou seja, devemos encarnar e perpetuar o governo de Cristo, não por seguir
um conjunto de leis que foram estabelecidas (um tipo de autoridade), mas
sim vivendo as implicações do carácter do reino antecipado pela esperança

---

7 Ibid.
8 Purkiser, *God, Man, and Salvation*, 32.
9 W. M. Greathouse, ao comentar a declaração de Paulo em Romanos 1:2, que o
Evangelho foi "prometido de antemão através dos seus profetas nas Sagradas Escrituras,"
diz: "Paulo alega que o seu Evangelho foi prometido há muito tempo, mas não dá
pistas de onde se encontra no Antigo Testamento;" e, "É impossível determinar com
certeza quais as passagens que Paulo tem em mente quando se refere aos precedentes do
Antigo Testamento para o Evangelho." *Romanos 1–8, New Beacon Bible Commentary*
(Kansas City, MO. Beacon Hill Press de Kansas City, 2008), 38, 40.

profética do Antigo Testamento como expressão normativa dada no evento de Cristo.

Um parágrafo resume bastante adequadamente esta perspectiva, "A frase 'autoridade da escritura,' portanto, é uma espécie de abreviação para o facto de que o Deus da aliança e criador usa este livro como sua forma para equipar e chamar a igreja para estas tarefas. E este é, creio eu, o verdadeiro contexto bíblico da doutrina da autoridade, que se destina, por sua vez, a capacitar-nos a sermos Miqueias na igreja e muito mais na sociedade; para que, por outras palavras, sejamos capazes de permanecer humildemente nas assembleias de Deus e então subsistir corajosamente nas assembleias dos homens. Como podemos fazer isso? Mergulhando na Escritura, no poder, na força e direcção do Espírito, a fim de que possamos então falar de maneira nova e com autoridade para o mundo deste mesmo Deus criador."[10]

À luz destes pressupostos, propus à Igreja do Nazareno um Artigo de Fé alternativo sobre a Bíblia que evita, entre outras coisas, as implicações proposicionais do já existente (tal como acontece com a maioria das outras declarações evangélicas). Foi submetido, revisto oficialmente e rejeitado da seguinte maneira: "Cremos na autoridade plena das Escrituras Hebraicas-Cristãs[11] para fé e prática. Reconhecemos como autoridade[12] os sessenta e seis livros do Antigo e Novo Testamentos, de acordo com a compreensão clássica protestante do cânone. Acreditamos que estes escritos, supervisionados pela inspiração do Espírito Santo[13] e preservados pela providência divina, contêm toda a verdade essencial para a salvação. O que não for consistente[14] com este ensino, correctamente interpretado, não deve ser ordenado como um Artigo de Fé."

---

10   N. T. Wright, "How Can the Bible Be Authoritative?" *Vox Evangelica* 21 (1991), 7-32. http://ntwrightpage.com/2016/07/12/how-can-the-bible-be-authoritative/.

11   "Sagradas Escrituras" pode aplicar-se igualmente aos escritos sagrados de qualquer religião do mundo. "Hebraico-cristã" identifica a Bíblia aceite da fé cristã.

12   Podemos ter as Escrituras no mais alto conceito (até mesmo o ditado verbal) e ainda assim não aceitá-las como autoritárias.

13   "Dirigido" descreve, mais precisamente, a natureza do conteúdo da Bíblia, que inclui todo tipo de material, como registos do templo, decretos políticos pagãos (Esdras), etc., ao narrar a história bíblica, bem como material simplesmente didáctico.

14   A Escritura pode e tem sido usada para apoiar todos os tipos de ensinos estranhos quando a exegese mal informada tem sido usada; portanto, é importante reconhecer a validade de métodos sólidos de exegéticos de interpretação.

4

Criação

Anexo ao capítulo 8 da GF&S
"Deus, o Criador"

Nos últimos anos, o aumento dos problemas ambientais tornou imperativo que uma teologia cristã biblicamente baseada fale claramente acerca desta questão. A doutrina da criação é um contexto no qual ela deve ser abordada. Eu apontei para ela no debate acerca das pessoas humanas à imagem de Deus no capítulo 15, mas falhei em falar sobre ela ao explorar a doutrina de Deus, o Criador. Isto não era algo particularmente invulgar, já que uma pesquisa de vinte teologias sistemáticas — publicadas desde o primeiro Earth Day, em 1970, até à última década do século vinte — demonstrou um grave ponto cego em relação a esta questão.[1] É importante salientar que a teologia sistemática de J. Kenneth Grider foi uma das poucas que deu atenção significativa ao assunto.[2]

É lamentável que a crescente crise da situação se tenha tornado numa ocasião para a teologia abordar a questão, já que o cuidado ambiental está profundamente enraizado no Antigo Testamento. Em 1967, o historiador Lynn White publicou um livro influente afirmando que os ensinos bíblicos, tais como o "domínio" e a "imagem de Deus," eram causas significativas que contribuíram para a crise ambiental. Se isso é verdade, tais ensinos reflectem um total equívoco na interpretação da perspectiva bíblica. Uma

---

1   John Jefferson Davis, "Ecological 'Blind Spots' in The Structure and Content of Recent Evangelical Systematic Theologies," *Journal of the Evangelical Theological Society* (June 2000), 273–86.

2   J. Kenneth Grider, *A Wesleyan-Holiness Theology* (Kansas City, MO: Beacon Hill Press of Kansas City, 1994).

compreensão adequada do aspecto da imagem de Deus relativa à terra envolve a não exploração abusiva desta, mas sim cuidado responsável. É uma ordenança da mordomia. Após a entrada de Israel na terra prometida, eles receberam instruções específicas sobre como preservar, e não explorar abusivamente, a produtividade do solo, como evitar a desflorestação, bem assim como métodos pelos quais os recursos do meio ambiente estariam disponíveis para todos, independentemente da situação económica.[3]

À luz do facto de que Israel foi escolhido para ser a luz do mundo bem assim como o meio pelo qual Deus pretendia tratar do problema de Adão, sugeri que a razão da dádiva da terra por parte de Deus era para que eles demonstrassem a todos o que significava viver à imagem de Deus, o que incluía a mordomia da terra. Certamente, isto faz mais sentido teológico do que outras razões às vezes avançadas. Questões como a mudança climática, a destruição da camada do ozono e outros danos cosmológicos estariam além do alcance de Moisés, mais que não seja devido a uma cosmologia totalmente diferente à da ciência moderna. Mas o princípio da preservação ficou bem definido. É certo que, tal como observado em *GF&S*, um teólogo não deve julgar ou autenticar um juízo científico no que respeita às ameaças ao meio ambiente. Mas existe um consenso da comunidade científica dominante de que as práticas humanas têm impactado negativamente o meio ambiente, e assim poderia pensar-se que os cristãos, crentes da Bíblia, não teriam muita dificuldade em apoiar as preocupações com a natureza, mas este não é o caso.[4] Richard T. Wright descobriu em 1995 que uma minoria significativa de evangélicos permaneceu (e continua até hoje) indiferente ou mesmo hostil para com as preocupações ambientais. A associação de correntes proeminentes do movimento ambientalista com a Nova Era e as religiões orientais, a teologia protestante liberal, o feminismo e a oposição ao capitalismo de mercado livre contribuíram para as atitudes ambivalentes em relação ao ambientalismo no seio dos evangélicos conservadores. A literatura do debate é extensa e não pode ser explorada neste contexto. Apenas posso afirmar que se alguém aceita a autoridade das Escrituras e as suas implicações tanto da doutrina da criação como da doutrina da humanidade à imagem de Deus, bem assim como as implicações da doutrina da expiação — sendo que um dos seus aspectos sugere que a reconciliação se estende a toda a criação (ver Colossenses 1:20) — então a questão é bem clara. Sendo uma tradição que enfatiza a santificação em

---

3 Christopher J. H. Wright, *An Eye for an Eye: The Place of Old Testament Ethics Today* (Downers Grove, IL: InterVarsity Press, 1983).
4 Richard T. Wright, "Tearing Down the Green: Environmental Backlash in the Evangelical Sub-Culture," *Faith* 47/2 (1995), https://www.asa3.org/ASA/PSCF6-95Wright.html.

termos da imagem de Deus, a teologia wesleyana deve estar na vanguarda dos movimentos para o exercício da mordomia responsável do meio ambiente.

5

Linguagem Inclusiva do Género

Anexo ao capítulo 9 da GF&H
"A Humanidade como pecadora"

Pelo menos três revisões de *GF&S* chamaram a atenção para uma questão sobre a qual me tornei dolorosamente consciente durante a sua releitura para este projecto. Este problema prendia-se com o uso extensivo de pronomes do género masculino, especialmente no capítulo 9, que agora chamaria de "Humanidade Decaída." Naturalmente, não me lembro de ter sido um assunto tão central como entretanto se tornou. Como indiquei na época, o termo "homem" era, como era comum ao longo da história, destinado a referenciar ambos os géneros da raça humana. Se fosse possível refazer todo o livro, gostaria muito de emendar esse problema usando termos inclusivos do género na maioria dos casos.

6

Pecado Original

Anexo ao capítulo 9 da GF&H
"A Humanidade como Pecadora"

Uma das mais severas críticas a *GF&S* foi dirigida à discussão do pecado original. A base da crítica foi o facto de que — consistente com a perspectiva geral da teologia sistemática — era tratado como um conceito relacional. Independentemente da crítica ser ou não justificada, o espaço dado ao tema foi insuficiente para abordar adequadamente esta doutrina. Muito mais precisa ser dito, em particular à atenção conferida aos pontos de vista do próprio João Wesley. Na minha perspectiva, o estudo definitivo da teologia de Wesley que não apareceu até 1994 é *Responsible Grace* (Graça Responsável) de Randy L. Maddox. A tese de Maddox era de que Wesley procurou neste ponto integrar a visão ocidental e oriental (ortodoxa), assim como fez na sua perspectiva abrangente. Após explorar os escritos de Wesley que abordavam o pecado original, Maddox concluiu que "a causa mais básica da nossa enfermidade actual segundo Wesley não era 'algo' que herdamos, mas a distorção da nossa natureza resultante de nascermos neste mundo já separados da capacitadora presença divina. *Privados* desse relacionamento essencial, as nossas várias faculdades, inevitavelmente, tornam-se *debilitadas*, deixando-nos moralmente *depravados*."[1] Isso foi, essencialmente, o que eu estava a afirmar em *GF&S*.

---

1   Maddox, *Responsible Grace*, 81.

Um factor importante na compreensão do que os teólogos passaram a chamar "pecado original" é a compreensão adequada da antropologia bíblica, que revela que a pessoa humana é sempre vista como um todo. Os vários termos (alma, espírito, corpo, etc.) referem-se sempre a alguma função da pessoa como um todo e nunca a uma parte. Esta interpretação é um consenso entre os estudiosos da Bíblia.[2] Ao debater a compreensão do pecado original dos reformadores protestantes Lutero e Calvino, Thomas Noble realça que ambos tinham uma compreensão holística da natureza humana, sendo que várias referências como "carne" e "espírito" são descrições da pessoa como um todo em diferentes aspectos. Isto implica que o pecado original "não é algo *em* nós, nem mesmo um tipo de doença ou uma tendência." Significa que, "embora haja em nós muito de bom, eticamente falando, todavia estamos caídos como um todo."[3]

Paul M. Bassett demonstrou que o Movimento da Santidade tinha uma compreensão em constante mudança do conceito do pecado original, um componente importante da doutrina da santificação, durante o período de meados do século dezanove até 1920.[4] Embora estas não tenham sido grandes mudanças de paradigma, elas reflectem que a mensagem da santidade na tradição wesleyana tem estado quase em constante fluxo ao longo da história do Movimento de Santidade Americano, que deu origem à Igreja do Nazareno e às outras denominações contemporâneas de santidade.

Na verdade, o Movimento da Santidade Americano diluiu o conceito tradicional do pecado original para substanciar a afirmação de que a inteira santificação "erradicava o pecado original." Geralmente as suas explicações têm assumido cada vez mais a forma de uma crescente ênfase no papel da "enfermidade" na vida santificada, acompanhada de uma minimização do pecado "erradicado" na inteira santificação.[5] A terminologia usada, às ve-

---

2 David J. A. Clines afirmou que "a erudição bíblica recente tem sido quase unânime ao rejeitar a visão tradicional do homem como uma 'composição' de várias 'partes,' e em vez disso enfatizou que na visão bíblica o homem é essencialmente uma unidade. Quando essa percepção é aplicada à doutrina da imagem, é difícil resistir à conclusão de que o homem todo é à imagem de Deus." Clines, "The Image of God in Man," *Tyndale Bulletin* 19 (1968), 53–103; 57. http://98.131.162.170//tynbul/library/ TynBull_1968_19_03_ Clines_ImageOfGodInMan.pdf.

3 T. A. Noble, "Doctrine of Original Sin in the Evangelical Reformers," *European Explorations in Christian Holiness* (Summer 2001). http://didache.nazarene.org/index. php/regiontheoconf/eurasia-2000/302-eu2000-05-noble-reformers/file.

4 Paul M. Bassett, "Culture and Concupiscence: The Changing Definition of Sanctity in the Wesleyan Holiness Movement, 1870–1920," *Wesleyan Theological Journal* 28 (1993), 59–127.

5 Cf. Mark R. Quanstrom, *A Century of Holiness Theology: The Doctrine of Entire Sanctification in the Church of the Nazarene, 1905–2004* (Kansas City, MO: Beacon Hill Press of Kansas City, 2003), 11. Para uma tentativa detalhada e meticulosa de distinguir entre carnalidade e fraqueza, ver Richard S. Taylor, *A Right Conception of Sin:*

zes, para se referir à enfermidade não erradicada é "os efeitos residuais da queda." De acordo com a psicologia moral que influenciou os apologistas da santidade, nenhuma qualidade moral se associa a esta consequência da queda, visto não ser de natureza voluntária. Esta interpretação representa um afastamento importante da psicologia moral que nutriu a compreensão de João Wesley acerca destas lacunas do amor perfeito, para as quais era necessário arrependimento e que poderiam ser tratadas ao longo do tempo por meio da utilização adequada dos meios da graça.[6]

O paradigma central dominante da teologia da santidade nos seus anos formativos foi a afirmação de que na inteira santificação a pessoa é purificada do "pecado adâmico," ou numa linguagem mais teológica do pecado original. Nas palavras clássicas e representativas de J. A. Woodm, "Quando o 'sangue de Jesus Cristo' 'purifica de todo pecado,' toda aquela corrupção que a Church of England (Igreja da Inglaterra) chama 'de pecado original, ou de nascença, que é a falha ou corrupção da natureza de todo o homem, distanciando-o assim da justiça original" está totalmente destruída, a alma fica pura. Então, onde há amor puro, não existe raiva ou malícia; onde há humildade pura, o orgulho é extinto; onde há paciência pura, a impaciência e irritação não são encontradas; onde existe mansidão pura, toda a ira e amargura são excluídas."[7] Aqui está um exemplo clássico das alegações extravagantes para a inteira santificação descritas, repetidamente, na história da santidade de Quanstrom no século vinte. Alegações dessas são, geralmente, acompanhadas por uma negação repetida da impecabilidade ou perfeição adâmica com extensas qualificações que resultam na tendência da alegação de "morrer a morte de mil qualificações."

A afirmação de que existe uma experiência que remove ou erradica o pecado original significa que a disseminação do pecado original não está a ser levada a sério. Se o pecado original é algo dentro da pessoa que pode ser removido, isso não descreve a queda radical do ser humano que a doutrina tradicional do pecado original afirma, e ainda falha em reconhecer a pessoa humana na sua totalidade como vista pela antropologia bíblica.

Its Relation to Right Thinking and Right Living (Kansas City, MO: Beacon Hill Press, 1945), 96ff. Ver também J. Kenneth Grider, "Carnality and Humanity," *Wesleyan Theological Journal,* vol. 11 (Primavera de 1976), 81-91. Ver também Ortho Jennings, "Areas of Growth after Sanctification" in Kenneth Geiger, *Further Insights into Holiness* (Kansas City, MO: Beacon Hill Press, 1963), 141–62. Ver também Leo G. Cox, "The Imperfections of the Perfect" em *Further Insights,* pp. 179–96. Ver também Cornelius P. Haggard, "Temptation and the Sanctified Life" in *Further Insights,* 197–212.

6   Ver também Randy Maddox,"Holiness of Heart and Life: Lessons from North American Methodism," *Asbury Theological Journal* vol. 51, no. 1 (Fall 1995).

7   J. A Wood, *Perfect Love; Or, Plain Things for Those Who Need Them: Concerning the Doctrine, Experience, Profession, and Practice of Christian Holiness,* 26th edition (Philadelphia: National Publishing Association, 1877).

Como W. M. Greathouse afirmou, "O pecado original é, portanto, uma realidade dinâmica. Não é algo que se assemelha a uma substância como E. H. Sugden achava que Wesley acreditava e como outros acusaram. É antes uma falsa condição do egocentrismo (com todos os pecados concomitantes gerados pela 'carne' ou da criatura separada de Deus), uma consequência do relacionamento quebrado entre o homem com o seu Criador — não um facto biológico, mas um facto teológico. Uma vez que o homem está alienado da vida de Deus, ele é corrompido pelos desejos enganosos (ver Efésios 4:17-19)."[8]

Se a doutrina do pecado original for levada a sério, isso envolve o reconhecimento de que a pessoa como um todo é distorcida ao ponto de afectar todo o aspecto relacional da humanidade e não alguma quantidade do mal (uma natureza pecaminosa) localizada dentro da alma. Paul Bassett, et al, apontam as implicações desta reivindicação: "… usar a frase agostiniana "pecado original" e dizer categoricamente que a inteira santificação torna-nos "livres do pecado original" (uma frase que o próprio Wesley nunca usou neste preciso contexto) é deixarmo-nos abertos à acusação de que acreditamos que a inteira santificação traz a perfeição 'adâmica' ou 'sem pecado.' Uma declaração mais subtil da doutrina é necessária neste ponto, a fim de tornar claro que os inteiramente santificados... continuam sendo criaturas falíveis no corpo caído, enquanto estiverem "nesta presente era maligna."[9] Uma refutação um tanto grosseira é feita na observação de que se o pecado original fosse realmente erradicado, seria possível uma colónia nudista santificada.

A defesa commumente feita pelos teólogos da santidade do século dezanove usou a "depravação" para cobrir as consequências da queda tanto para o corpo como para a alma, mas fez uma distinção entre as consequências físicas que continuarão até a morte e o "resíduo do pecado na natureza moral do crente regenerado " que é separável. A alegação é então feita de que "é apenas a mancha moral, o vírus na corrente sanguínea do homem espiritual" que pode ser separado e erradicado. O elemento separável tem também sido referido como uma "natureza" não inerente à humanidade criada e "separável" da pessoa cuja condição ela representa. Um teólogo da "santidade" argumentou contra a perspectiva bíblica na base de que se o

---

8 W. M. Greathouse, "The Dynamics of Sanctification—Biblical Terminology," Nazarene Theology Conference, 1969.

9 Paul M. Bassett, Alex R. G. Deasley, Roger L. Hahn, Douglas S. Hardy, K. Steve McCormick, Thomas A. Noble, "A White Paper on Article X" (Kansas City, MO: Nazarene Theological Seminary, 2010), http://didache.nazarene.org/index.php/volume- 10-1/812-didache-10-1-the-white-paper/file.

pecado original for esticado para incluir a pessoa como um todo, o ensino da erradicação da "natureza pecaminosa" entrará em colapso.[10]

Este ponto também é explicitamente feito num ensaio numa antologia de apresentações dada numa conferência em 1964 sob os auspícios da National Holiness Association: "Se o pecado original é definido amplamente como incluindo a depravação física herdada e também a depravação moral herdada, então não pode haver libertação total do pecado original nesta vida. A doutrina de uma perfeita libertação pode ser coerente apenas com uma doutrina complementar de pecado que isola o princípio do pecado da sua depravação física e mental envolvente."[11]

A Teoria das Duas Naturezas

Em conjunto com estes desenvolvimentos psicológicos, as referências ao pecado em termos que sugerem uma substância, bem como o uso proeminente da "erradicação" e termos similares no Movimento da Santidade durante as primeiras décadas do século vinte, foram em parte o resultado da influência de uma Interpretação das duas naturezas da vida cristã que surgiu no início do século dezanove. De acordo com esta teoria, na regeneração uma nova "natureza" é transplantada dentro do crente que continua a coexistir com a velha natureza até terminar com a morte. Essas duas naturezas estão presentes de tal maneira que funcionam independentemente uma da outra. Para todos os efeitos práticos, o crente tem uma personalidade dividida. A nova natureza é a base da aceitação do crente por Deus enquanto a velha natureza pecaminosa é a fonte da pecaminosidade do crente. Há uma luta ao longo da vida entre estas duas naturezas, com a natureza pecaminosa às vezes a dominar a vida ética do crente.

Como surgiu essa teoria das duas naturezas? Qual foi a sua origem? Foi introduzido e popularizado no mundo moderno por John Nelson Darby (1800 — 1882) e os Plymouth Brethren, que também foram a origem da recente versão (final do século dezanove) do pré-milenismo chamado dispensacionalismo. Estes ensinos tiveram uma ampla influência entre pregadores e professores evangélicos, incluindo Dwight L. Moody, A. J. Gordon, H. A. Ironside e — através da Bíblia editada por C. I. Scofield — num enorme número de clérigos e leigos. Este ensino, sem dúvida, influenciou a escolha do comissão de tradução da versão de 1973 da NVI para traduzir "carne" (sarx) como "natureza pecaminosa" em várias passagens do Novo

---

10 Richard S. Taylor, "The Theological Formulation" em *Exploring Christian Holiness, vol. 3* (Kansas City, MO: Beacon Hill Press de Kansas City, 1985), 93.

11 Merne A. Harris e Richard S. Taylor, "The Dual Nature of Sin" in *The Word and the Doctrine: Studies in Contemporary Wesleyan-Arminian Theology*, comp. Kenneth E. Geiger (Kansas City, MO: Beacon Hill Press de Kansas City, 1965), 106.

Testamento. W. M. Greathouse, no seu comentário sobre Romanos, apontou que a tradução da NIV (pré-2011) "torna virtualmente impossível usá--la como base para uma interpretação fiel do grego original."[1] A revisão de 2011 da NIV mudou essa tradução para "carne."

Embora pelo menos dois dos primeiros escritores de santidade (Daniel Steele e Henry Brockett) tenham desafiado as implicações antinomianas da teoria, nenhum deles desafiou a teoria das duas naturezas por motivos exegéticos.[2] De facto, os teólogos de santidade do século dezanove aceitaram a teoria das duas naturezas, mas insistiram num resultado diferente do dos Plymouth Brethren. A sua explicação de que, na inteira santificação, a velha natureza é destruída ajuda a explicar porque é que o termo "erradicação da natureza carnal" foi usado por escritores e pregadores de santidade nesse período. O primeiro uso direto do termo "erradicar" parece ter sido em meados da década de 1830 por um pregador metodista chamado John Lindsey de Connecticut, num sermão na New England Annual Conference.[3] "A terminologia referente ao que é "mais profundo e mais distante" e que pode ser erradicado foi introduzida no vocabulário de santidade pelo bispo metodista L.L. Hamline em 1869.

A teologia de santidade teria sido mais bem servida com uma antropologia bíblica que lhes poderia ter providenciado um veículo mais sólido para lidar com o problema do pecado e a sua relação com a santificação. Um avanço tremendo é reflectido nos comentários de E. M. Greathouse em Romanos 6:5-6: "A tradução tradicional da versão King James, 'o nosso velho homem é crucificado com ele', é problemática em vários aspectos. Se as convicções expressas por Paulo em Gálatas 2:20 são presumidas aqui, o 'velho homem' não pode se referir a 'algo' ou a uma 'natureza' em nós que deve ser extraída. Não é um tumor maligno e estranho que vive metaforicamente dentro de nós que morre — *nós* morremos num sentido real, ainda que figurativo. Não podemos identificar "o velho homem" com "carnalidade" ou "a natureza pecaminosa," como fizeram alguns intérpretes de santidade do século dezanove. O nosso 'velho homem' deve ser as pessoas pecaminosas que uma vez fomos, os nossos antigos 'eus' pré-cristãos, o velho Adão que uma vez definiu a nossa existência como seres humanos."[4]

---

1 Greathouse, *Romanos 1–8.*
2 Richard S. Taylor discutiu especificamente a teoria das duas naturezas em *Exploring Christian Holiness,* baseando em parte o seu argumento nas duas naturezas de Jesus Cristo. No entanto, este argumento é conhecido como nestorianismo, uma heresia clássica.
3 Leroy E. Lindsey, "Remédio Radical: The Eradication of Sin and Related Terminology in Wesleyan-Holiness Thought, 1875–1925," PhD diss. (Drew University, 1996).
4 Greathouse, *Romanos 1–8,* 182.

7

O termo "Evangelho"

Anexo ao capítulo 5 da GF&S
"Revelação: Uma Abordagem Wesleyana"

Cheguei à conclusão que é necessária uma definição mais nítida de "Evangelho" à luz da declaração inicial de Paulo em Romanos 1:1–4: "Paulo, servo de Jesus Cristo, chamado para ser um apóstolo, e separado para o evangelho de Deus — o evangelho que ele prometeu de antemão através dos seus profetas nas Sagradas Escrituras a respeito do Seu Filho, que, quanto à sua vida terrena foi um descendente de Davi, e que através do Espírito de santidade foi designado o Filho de Deus em poder, pela sua ressurreição dos mortos: Jesus Cristo, nosso Senhor."

Esta introdução implica que o próprio Evangelho se refere à proclamação de que Jesus, o Messias crucificado e ressuscitado, é o único e verdadeiro Senhor do mundo. Este entendimento ajuda-nos a compreender melhor o versículo 5, que se refere à "obediência que vem da fé" e possivelmente 1 Pedro 1:2, que diz: "que foram escolhidos de acordo com a presciência de Deus Pai, em santificação do Espírito, para a obediência e aspersão do sangue de Jesus Cristo. Se Jesus é o Senhor, como o "Evangelho" declara, então a resposta apropriada é a obediência.

Além disso, torna ainda mais claro o significado da declaração de Paulo em Romanos 10:9: "Se com a tua boca confessares Jesus como Senhor e, em teu coração creres que Deus o ressuscitou dos mortos, serás salvo." Implica que o Evangelho confronta directamente as reivindicações de outros deuses e senhores, como afirma 1 Coríntios 8:5.

O comentário de N. T. Wright destaca o significado de entender o Evangelho desta maneira: "É uma convocação real à submissão, à obediência, à lealdade; e a forma que essa submissão e obediência assume é a fé. É isso que Paulo quer dizer com "a obediência da fé."[1] Assim, quando Paulo proclama o Evangelho, ele anuncia que o Messias crucificado e ressuscitado é o Senhor do mundo. Em nenhum sentido isso tira o significado central e crucial da implicação soteriológica do Evangelho; na verdade, acentua-se focando a centralidade de Jesus, o Messias.

Ademais, isso explica bastante a oposição encontrada pelo apóstolo Paulo nas autoridades civis em vários locais, culminando com a sua execução em Roma. Grande parte dessa oposição resultou da agitação e até da violência popular que o seu ministério provocou, mas o anúncio de que havia outro rei na cidade, chamado Jesus, desafiou a alegação central do imperador ser o senhor do mundo. Antecipado na tentativa de Herodes de destruí-lo aquando do seu nascimento, tornou-se uma questão central na proclamação do Evangelho no mundo romano. N. T. Wright resume brilhantemente como isto se desenrolou:

> O trabalho missionário de [Paulo], ao que parece, deve ser concebido não apenas em termos de um evangelista itinerante que oferecia às pessoas uma nova experiência religiosa, mas de um embaixador para um rei em espera, estabelecendo células de pessoas leais a esse novo rei e organizando as suas vidas de acordo com a sua história, os seus símbolos e a sua prática, e as suas mentes de acordo com a sua verdade. Isto só poderia ser interpretado como profundamente contra-imperial, subversivo a toda a estrutura do Império Romano; e há, de facto, bastantes evidências de que Paulo pretendia que assim fosse interpretado, e que, quando acabou na prisão como resultado do seu trabalho, ele tomou isso como um sinal de que estava a fazer o seu trabalho correctamente.[2]

---

1 N. T. Wright, "New Perspectives on Paul," Edinburgh Dogmatics Conference, Rutherford House, August 2003, http://ntwrightpage.com/2016/07/12/new-perspectives-on-paul/.

2 N. T. Wright, "Paul's Gospel and Caesar's Empire" in Reflections, vol. 2 (1998), http://ntwrightpage.com/1998/01/01/pauls-gospel-and-caesars-empire/.

8

Justificação

Anexo ao capítulo 11 da GF&H
"A Obra do Salvador"

Em geral, estou muito feliz com o forma como tratei do tema da justificação em GF&S, mas ao ler depois deste lapso de tempo, acho que poderia melhorar um pouco mais. Há um ponto que corrigiria, tendo sido influenciado pelo trabalho daqueles estudiosos da Bíblia que se identificam com a "nova perspectiva sobre Paulo." A referência a "obras da lei" na página 331 da GF&S implicava guardar a lei para merecer a salvação — ou "operar a justiça." Esta tinha sido a interpretação dominante desde o século dezasseis. As numerosas descobertas sobre o Judaísmo do Segundo Templo desde a Segunda Guerra Mundial demonstraram que as "obras da lei" referiam-se mais àquelas características étnicas que identificaram os judeus (circuncisão, comida kosher e Sabbath) e que eles insistiam ser a marca da identidade do povo de Deus.

Ao fazer uma exposição sobre Gálatas 2:16, James D. G. Dunn conclui que, "para o típico judeu do primeiro século d.C., particularmente o judeu palestiniano, seria virtualmente impossível conceber a participação na aliança de Deus e assim na justiça da aliança de Deus, independentemente destes rituais, essas obras da lei."[1] Isso explica algumas das oposições a Jesus pelos guardiões da tradição judaica. O que eles entenderam como descuido foi considerado subversivo da verdadeira religião.

Afinal, muitos judeus deram as suas vidas durante o tempo de Antíoco

---

1 James D. G. Dunn, "The New Perspective on Paul," The Manson Memorial Lecture (Nov. 4, 1982).

Epifânio por se recusarem a violar esses marcadores de identidade. Este assunto também estava no centro de algumas das principais lutas da igreja primitiva. Era uma questão crucial, pois manter estes marcadores étnicos de identificação eram provas não-negocíaveis da participação na aliança, ao invés de fé em Jesus, que teria constituído os gentios como cidadãos de segunda classe do reino.

Essas descobertas, como Ed Sanders deixou claro, invalidaram a crença do século dezasseis — bem como muito contemporânea — de que os judeus do primeiro século, como bons pelagianos, estavam a procurar ganhar o favor de Deus mantendo a Torá. Muita confusão tem ocorrido na história da teologia cristã acerca da soteriologia, devido a este significado não ter sido reconhecido. Basicamente, a justiça que as pessoas desfrutam como resultado da acção de Deus em Cristo e pelo Espírito é um "status" baseado na fé na fidelidade de Deus ao pacto, em vez de uma qualificação étnica — a maneira surpreendente pela qual igualmente todos tanto pecadores judeus como pecadores gentios, são bem-vindos, redimidos, justificados.

Isso não significa que a justiça, ou justificação, também não seja um conceito judicial. Como explica N. T. Wright: "Você pode ver isso com mais clareza se lembrar do contexto do tribunal judaico que forma o pano de fundo para o uso forense de Paulo do *tema* dikaiosune."[2] Se quisermos entender a justificação forense, devemos ir àquele tribunal, em vez do contemporâneo, para descobrir como a metáfora funciona. No tribunal da lei judaica, como Paulo teria sabido, não há advogado de acusação; há apenas um juiz, com um queixoso e um réu que aparecem diante dele. Quando o caso é ouvido, o juiz encontra-se a favor de uma parte e contra a outra. Quando isso acontece, a parte inocente possui o *status* de "justo," que não é em si uma declaração moral, mas uma declaração de como as coisas estão em termos do processo agora concluído.

Além disso, esse status de justiça não tem nada a ver com a justiça do juiz. Para que o juiz seja justo, é necessário que ele julgue o caso de forma justa, recuse subornos ou outro favoritismo, cumpra a lei e tenha em atenção os desamparados, as viúvas e assim por diante. Quando o queixoso ou o réu são declarados justos no final do caso, não há sentido que, qualquer que seja o casos, a própria justiça do juiz lhes tenha sido repassada por imputação, comunicação ou qualquer outro processo. O que eles têm é um status de justo que vem do juiz. Como enfatizei no texto, quando o juiz se encontra a favor de uma ou outra parte, ele literalmente torna-os justos; no entanto, "justo" neste momento não é uma palavra que denota carácter

---

2   Wright, "New Perspectives on Paul."

moral, mas apenas e precisamente o status que tem quando o tribunal encontrou a seu favor.

O que isto significa, no contexto judaico em que Paulo escreve, é que a justiça de Deus nunca se torna um atributo que é passado, contado ou imputado ao povo de Deus, nem Paulo o trata dessa maneira. O que encontramos, pelo contrário, é que Paulo está constantemente (especialmente na carta aos Romanos, onde todas, excepto uma das ocorrências da frase é encontrada) a lidar com os temas que se agrupam com a questão da justiça de Deus: como Deus vai ser fiel a Israel, a Abraão, ao mundo? Como é que será cumprida a aliança e quem será descoberto como o povo da aliança de Deus quando isso acontecer? Assim, a questão da imputação versus concessão que tem ocupado teólogos desde o início torna-se um ponto discutível, porque se baseia no significado errado de "justiça" neste contexto.

Um outro ponto que fiz no texto é que a justificação é uma realidade tanto presente quanto futura. Isto tem-se tornado uma grande controvérsia a rodear o trabalho exegético do erudito do Novo Testamento, N. T. Wright, que argumentou, com base na exegese bíblica, que o julgamento final será sobre uma "vida completa." Mas esse assunto está profundamente enraizado na tradição Wesleyana. Foi uma ênfase importante de John Fletcher na sua clássica obra *Checks to Antinomianism*. Ele dá amplo espaço ao que se refere como uma segunda justificativa pelas obras.

Qual é o fundamento teológico para esta ênfase? O título do livro de Fletcher dá um indício claro de que esta doutrina é projectada para contrabalançar o ensino calvinista da "perseverança dos santos," ou em linguagem popular, "uma vez na graça, sempre na graça" com as suas implicações antinomianas. João Wesley também se opôs vigorosamente a este ensino, porque abriu a porta à imoralidade desenfreada, juntamente com várias outras implicações infelizes. Como, de acordo com esta teologia, um acto inicial de aceitação por Deus não pode ser cancelado, nenhum comportamento pecaminoso em qualquer grau pode afectar a salvação final de uma pessoa. O destino eterno é decidido na primeira obra da graça. O compromisso wesleyano com a centralidade da vida santa teve um poderoso incentivo para contrariar este ensino e as suas implicações éticas.

De maior importância é o facto de que o aspecto escatológico da justificação estar profundamente enraizado no Novo Testamento (veja Romanos 2:1–16; 14:10-12; 2 Coríntios 5:10; Actos 17:31). Embora Wright esteja declaradamente na tradição reformada, o seu compromisso com as Escrituras, acima da tradição, leva-o a ensinar uma segunda justificação, e, assim, fazer uma causa comum com a teologia wesleyana neste ponto. Ele disse: "Outro grande potencial ganho da dita 'nova perspectiva,' embora não seja normalmente elaborado pelos seus maiores proponentes, é o facto de permitir a ênfase do próprio Paulo no julgamento final segundo as obras, em que ele insiste, vez após vez, emergir na sua própria luz sem danificar, ou de alguma forma pôr em perigo, o princípio básico da própria justificação pela fé."[3] De mais interesse é o facto de que a ênfase de Wright na justificação escatológica refuta, conscientemente, a ideia da justiça imputada, que é central para a maioria das soteriologias evangélicas.

3   N. T. Wright, "Justification: The Biblical Basis and its Relevance for Contemporary Evangelicalism" in *The Great Acquittal: Justification by Faith and Current Christian Thought,* ed. Gavin Reid (London: Fount Paperbacks, 1980).

9

Santificação

"A Obra do Espírito Santo"

Estudos recentes sobre o conceito bíblico de pureza resultaram em vários esclarecimentos e reformulações importantes no meu conceito de santificação. A minha própria pesquisa exegética sobre o assunto foi confirmada por outros estudiosos nazarenos encontrados numa antologia intitulada *Purity: Essays in Bible and Theology*.[1] Notavelmente, estas descobertas permitiram-nos abordar algumas, se não todas as anomalias com as quais os teólogos da santidade lutaram por um longo tempo e luta essa que notamos anteriormente estar presente em João Wesley também. Em particular, fornecem uma solução a uma das situações que estão na raíz da actual crise de identidade da mensagem de santidade — nomeadamente as extravagantes alegações que tinham sido feitas em prol da experiência da inteira santificação. Mas, parece que uma das razões básicas para estes problemas é exegética. Os sucessores de Wesley mudaram a sua ênfase primária na santificação em termos de amor e a imagem de Deus para uma ênfase na purificação. Ao fazê-lo, foram vítimas de dois erros exegéticos: 1) interpretaram erroneamente o conceito bíblico relevante de pureza utilizando uma definição quase científica de senso comum, e 2) aplicaram-no à inteira santificação, em vez de à relação inicial salvadora com Deus (ou seja, à conversão).

---

1   Ver Dwight D. Swanson, "Leviticus and Purity"; Kent Brower, "Purity in the Gospel of John"; and Sarah Whittle, "Purity in Paul" in *Purity: Essays in Bible and Theology,* ed. Andrew Brower Latz e Arseny Ermakov (Eugene, OR: Pickwick Publications, 2014).

A justificativa para essa crítica baseia-se no facto de que a pureza, ou purificação, é um correlativo da santidade de Deus. No cerne do problema está a tendência dos teólogos da santidade interpretarem a santidade de Deus como um conceito moral,[2] significando que Deus está apenas numa classe; Deus não tem pares. Langdon Gilkey apresenta um excelente resumo da compreensão adequada da santidade de Deus: "A santidade não é primordialmente um atributo moral, como se significasse apenas a bondade perfeita de algum super ser com uma barba branca. Em vez disso, refere-se àquela 'alteridade' absoluta que distingue o divino de tudo o que é criação e, portanto, caracteriza cada aspecto de Deus."[3]

A implicação desse entendimento é que qualquer pessoa, lugar ou coisa pode ser santa apenas num sentido derivado, sendo trazida para a relação com o Deus santo — então essa santidade é uma realidade relacional. Essa relação constitui o objecto, o tempo, o lugar ou a pessoa como sagrada. Essa santidade derivada é um status, nada tendo a ver essencialmente com a qualidade moral daquilo a que essa santidade é atribuída. Mesmo assim, torna-se a base de um apelo para manifestar a santidade ética (veja abaixo).

Reconhecer a relação entre santidade como status e santidade como estilo de vida ético é crucial. Por causa do seu status como santo, Israel é repetidamente ordenado a ser santo *porque* Yahweh é santo, não *como* Deus é santo, pois a santidade de Deus não é comunicável. Num certo sentido, é uma injunção para serem o que eles já são, ou seja, uma nação santa em status *e* carácter. O relacionamento entre a sua santidade de status e a santidade de carácter antecipa a ênfase repetida no Novo Testamento entre os modos verbais indicativo e o imperativo. A relação entre o indicativo e o imperativo já está claramente expressa em Deuteronômio 14:2: "Porque és povo santo ao Senhor teu Deus; o Senhor te escolheu de todos os povos que há sobre a face da terra, para lhe seres o seu povo, sua possessão preciosa" [sinónimo de status] (NRSV). Esta declaração indicativa é imediatamente seguida pelo imperativo de evitar alimentos "sujos," o que tem importante significado ético no contexto.

---

2   This is clearly reflected in the comment of James F. Gregory, "When considering the holiness of God, we think more often of his moral quality." "The Holiness of God" in *Further Insights into Holiness*, 33. To speak of the holiness of God in moral terms makes it possible to posit a correlation between his holiness and that of his people. This conclusion is drawn by one early source when the author says, "In a sense holiness in man is the same as holiness in God for there are not two kinds of holiness." David Shelby Corlett, *The Meaning of Holiness: Messages on the Wesleyan Doctrine of Entire Sanctification* (Kansas City, MO: Beacon Hill Press, 1942), 22.

3   Langdon Gilkey, *Maker of Heaven and Earth: The Christian Doctrine of Creation in the Light of Modern Knowledge* (New York City: Doubleday, 1959), 89.

Da mesma maneira, Paulo ordena repetidamente aos seus convertidos que se tornem o que são — isto é, que vivam eticamente o status de terem um relacionamento com Deus que os constitui como santos. A totalidade das provisões e rituais de culto no Pentateuco é projectada para implementar este princípio para Israel. O mesmo princípio é também a base dos esforços de Paulo para chamar os seus convertidos para uma vida ética consistente. As suas secções éticas são essencialmente um apelo para trazer o seu status e carácter para um relacionamento consistente.[4]

Só posso apresentar de maneira resumida o significado da relação entre pureza e santidade de Deus. O entendimento que informa o Novo Testamento — e Paulo em particular — é o Antigo Testamento, e a fonte central é o livro de Levítico. *O princípio básico que informa os rituais de culto descritos em Levítico é que nada nem ninguém pode entrar em proximidade do Deus Santo, a menos que toda a impureza ou mácula tenha sido limpa.*

Este princípio é retratado em numerosos relatos narrativos no texto bíblico, começando com a experiência de Moisés na sarça ardente, e está claramente presente no relato do encontro de Israel com Yahweh no Sinai.

O que estou a propor, com base numa cosmovisão *bíblica*, é uma compreensão alternativa do uso de "pureza" na sua relação com "santidade" ao que se tornou padrão na literatura clássica de teologia de santidade americana.[5] A premissa hermenêutica que esclarece esta análise, como descrita no Anexo 2 ("Hermenêutica") de *GF&S*, é que as interpretações do Novo Testamento sobre impureza, purificação e pureza encontram as suas raízes no Antigo Testamento,[6] especialmente nos escritos sacerdotais encontrados no livro de Levítico.[7]

---

4   Para uma defesa da relação entre a santidade como status e a santidade ética, veja Alex R. G. Deasley, "Biblical Hermeneutics and the Wesleyan Message of Holiness," *Wesleyan Theological Journal,* vol. 33, no. 2 (Fall 1998), 136–40.

5   Baseando-se principalmente numa definição de dicionário, "pureza" foi definida como estar livre de qualquer elemento estranho. A purificação, então, veio a ser descrita como a erradicação desse elemento estranho.

6   A primeira carta de Pedro é uma ilustração canónica de uma aplicação sustentada deste princípio hermenêutico. Cf. H. Ray Dunning, *Partakers of the Divine Nature: Holiness in the Epistles of Peter* (Nicholasville, KY: Schmul Publishing Company, 2006). Em suma, este princípio diz que a teologia do Antigo Testamento é cumprida ("cheia") pela teologia do Novo Testamento com um conteúdo cristológico.

7   Outras passagens deste género são encontradas em Êxodo e Números. É importante entender que a santificação e os seus aspectos concomitantes são as únicas metáforas soteriológicas extraídas de um contexto religioso, e esse contexto é o culto do Antigo Testamento. H. Orton Wiley faz o comentário de que "para transmitir à mente do homem as riquezas desta graça, todo o sistema levítico do Antigo Testamento é colocado sob tributo. … Todos estes apontam para este padrão de devoção do Novo Testamento." Estranhamente, ele nunca faz uso dessa percepção hermenêutica, excepto para tomar emprestada a linguagem da pureza sem apoio ou análise exegética e interpretar a pureza no sentido substantivo consistente com o uso do senso comum

Vários refinamentos importantes são necessários para entender como os conceitos são usados na teologia do Novo Testamento. A primeira distinção que precisa ser feita é pureza ritual e pureza moral. "A relação entre essas duas formas de pureza/impureza é de grande importância para a compreensão do surgimento do cristianismo dentro de sua matriz judaica."[8] Juntamente com muitos outros, esta distinção foi defendida de forma persuasiva por Jonathan Klawans.[9] Pureza ritual é descrita primariamente em Levítico, capítulos 1-15 e em Números 19 (a fonte sacerdotal) e pureza moral nos capítulos 16-27 (o código de santidade). Há uma diferença significativa na natureza da impureza atribuída a cada um.

No resumo de Klawans, a impureza ritual é "natural, mais ou menos inevitável [alguém tem que enterrar os mortos], geralmente não pecaminosa e tipicamente impermanente. ... Não é pecaminoso ser ritualmente impuro e a impureza ritual *não resulta do pecado*."[10] Também deve ser acrescentado que esse tipo de impureza geralmente inclui aquelas impurezas classificadas como "não intencionais" (NRSV) e podem ser "cobertas" pela "oferta de purificação [pecado]."[11] Esta observação deve ser qualificada pela provisão de que, se alguém falhar em realizar o ritual necessário de purificação, a culpabilidade acumula-se. Por exemplo, "alguém que sofre impureza de cadáver e se recusa a fazer uso dos meios apropriados, contamina o santuário e é expulso (Números 9:13, 20).[12] É elucidativo como o intencional e o não intencional interagem ao longo dos códigos de pureza levítico.

A impureza moral "resulta de cometer certos actos tão hediondos que são considerados contaminantes. Esses actos incluem pecados sexuais, idolatria e derramamento de sangue e eles trazem uma impureza *que moralmente* — mas não *ritualmente* — contamina o pecador, a terra de Israel e o santuário de Deus."[13] A distinção entre estas duas formas de pecado, ou impureza, tem sido usada para apoiar o entendimento amplo de

---

ocidental, como descrito em nossa análise. Wiley, *Christian Theology* (Cidade de Kansas, MO: Beacon Hill Press, 1940).

8 Eyal Regev, "Moral Impurity and the Temple in Early Christianity in Light of Ancient Greek Practice and Qumranic Ideology," *Harvard Theological Review* 97.4 (2004), 383.

9 Jonathan Klawans, *Impurity and Sin in Ancient Judaism* (Oxford: Oxford University Press, 2000). Veja também Christine E. Hayes, *Gentile Impurities and Jewish Identities: Intermarriage and Conversion from the Bible to the Talmud* (Oxford: Oxford University Press, 2002).

10 Klawans, *Impurity and Sin,* 41, ênfase adicionada.

11 Mary Douglas, "Atonement in Leviticus," *Jewish Studies Quarterly,* vol. 1 (1991– 94), 109–30.

12 Philip Peter Jenson, *A Key to the Priestly Conception of the World* (Sheffield: Journal for the Study of the Old Testament, 1992), 54.

13 Klawans, *Impurity and Sin,* 41.

João Wesley sobre a natureza do pecado como intencional e não intencional — isto é, o pecado "propriamente chamado" e o pecado "impropria-
mente chamado."[14]

Um factor adicional também deve ser considerado ao interpretar o uso
do grupo de palavras "pureza" no Novo Testamento. Desenvolvimentos
nas leis de culto, e perspectivas de pureza ocorreram entre a redacção final
do Pentateuco e a época de Jesus — o período conhecido como o Judaísmo
do Segundo Templo. Estes desenvolvimentos parecem ter sido o elemento
significativo nos conflitos entre Jesus e os fariseus. Por exemplo, Eyal Regev
afirma que "lavar as mãos não era uma prática tradicional levítica, mas uma
inovação do final do período do segundo templo."[15]

Vale a pena considerar a possibilidade de que a declaração das bem-aventuranças de Jesus "Bem-aventurados os puros de coração" (Mateus 5:8)
destina-se a distinguir a vida do reino como uma "justiça que excede a dos
escribas e fariseus," para quem a impureza ritual externa é tão importante.
Mateus 23:25–28 (Lucas 11:38–41; Marcos 7:20–23) pode ser quase considerado um comentário sobre as bem-aventuranças, onde a relação entre
a impureza ritual e a impureza moral parece ser o foco. Regev observa nessas passagens que "parece que os fariseus não sustentavam a visão de que o
comportamento injusto produz impureza."[16] Além das questões de pureza
presentes nos conflitos entre Jesus e os fariseus, conforme registrado nos
Evangelhos,[17] Paulo faz o uso mais extensivo de temas de pureza, principalmente relacionados à situação dos coríntios.[18]

Hebreus 9 aborda implicitamente o assunto através da sua referência à
oferta pelo pecado, que era na verdade uma oferta de purificação que lida

---

14 Dwight D. Swanson, "Offerings for Sin in Leviticus, and João Wesley's Definition,"
   European Explorations in Holiness, vol. 1.
15 Regev, "Moral Impurity," 388. Veja também Roger P. Booth, *Jesus and the Laws of
   Purity: Tradition History and Legal History in Mark 7* (Sheffield: JSOT Press, 1986),
   69–71; Klawans, Impurity and Sin, 147–48.
16 Regev, "Moral Impurity," 387.
17 Essas questões têm a ver com a impureza ritual e a pureza. Os fariseus procuravam impor
   os rígidos requisitos de pureza ritual relevantes ao sacerdócio na sua função no templo
   sobre todo o Israel (pelo menos na Palestina) e tentavam observá-los eles mesmos.
   Jesus ignorou muita dessa restrição, criando assim um conflito com eles. Embora Jesus
   não rejeitasse totalmente todos os regulamentos cúlticos (enviou o leproso curado ao
   sacerdote), ele subordinou-os à pureza moral. Paulo, por outro lado, aparentemente
   rejeitou todo o conceito de pureza ritual (ou pelo menos marginalizou-o radicalmente)
   em favor de uma ênfase exclusiva na pureza moral. Isto obviamente seria importante
   para a sua missão entre os gentios.
18 Veja Michael Newton, *The Concept of Purity at Qumran and in the Letters of Paul*
   (Cambridge: Cambridge University Press, 1985); Sarah Whittle, "Purity in Paul" in
   Purity: Essays in Bible and Theology; and Kor Yong Lim, "Paul's Use of Temple Imagery
   in the Corinthian Correspondence: The Creation of Christian Identity" in *Reading
   Paul in Context: Identity Formation* (London: T&T Clark, 2010).

com corrupção ritual[19] e, ao contrário da interpretação popular, não tem nada a ver com estabelecer um relacionamento com Deus, pois funciona dentro da relacionamento da aliança. Pelo contrário, diz respeito à conservação desse relacionamento de aliança previamente estabelecido pela graça.[20] Os pensamentos de Paulo sobre essas questões são informados pelo Antigo Testamento (Hebraico).[21]

No Antigo Testamento, a pureza é definida em relação ao lugar, que inclui centralmente o santuário (tabernáculo/templo) como a morada de Deus, mas também todo o acampamento.[22] O Novo Testamento, especialmente Paulo, vê a igreja como o novo templo, agora a morada de Deus através do Espírito Santo.[23] Isto é explicado de forma pormenorizada nas cartas aos Coríntios (1 Coríntios 3:16-17; 6:19; 2 Coríntios 6:16. Como nas leis levíticas, a impureza moral contamina o santuário (igreja), que tem que ser purificado e, em casos extremos, a fonte expulsa da comunidade para assegurar a pureza do templo.[24] Imediatamente vemos que a pureza é um conceito corporativo, como é a santidade. Isso não nega, no

---

19 Jacó Milgrom, "Sin-Offering or Purification-Offering?" *Vetus Testamentum* 21 no. 2 (Abril de 1971), 237-39.

20 Veja H. Ray Dunning, *Superlative Christ: Devotional Studies in Hebrews* (Kansas City, MO: Beacon Hill Press of Kansas City, 2001), 79–85. Veja também Dwight D. Swanson, "Offerings for Sin in Leviticus"; and Victor P. Hamilton, "Recent Studies in Leviticus and Their Contribution to a Further Understanding of Wesleyan Theology" in *A Spectrum of Thought: Essays in Honor of Dennis Kinlaw*, ed. Dennis F. Kinlaw e Michael Peterson (Wilmore, KY: F. Asbury Publishing Company, 1982).

21 Kathy Ehrensperger, "'Called to be saints'—the Identity-shaping Dimension of Paul's Priestly Discourse in Romans" in *Reading Paul in Context: Explorations in Identity Formation: Essays in Honour of William S. Campbell*, ed. Kathy Ehrensperger e J. Brian Tucker (Londres: T & T Clark International, 2010), 90-112. Ehrensperger argumenta que o ritual e o culto não são apenas aspectos significativos de um modo de vida judaico, mas também são aspectos fundamentais da vida de todas as culturas do mediterrâneo e do médio oriente na antiguidade. Isso não parece invalidar a afirmação de que o pensamento de Paulo é moldado principalmente pela sua herança judaica, embora haja paralelos com outras culturas. Como diz Eyal Regev ("Moral Impurity, 391"): "Um legado profundo do pensamento judaico sobre a impureza moral foi herdado pelas primeiras comunidades cristãs."

22 Eyal Regev argumentou que nem todas as leis de pureza se referem ao "culto do templo ou às coisas santas em geral," às quais ele atribui o termo "pureza não-sacerdotal" ("Moral Impurity," 368). Assim, Yahweh exigiu pureza no acampamento, assim como no santuário, para assegurar a presença divina.

23 Newton, *The Concept of Purity*; R. J. McKelvey, *The New Temple: The Church in the New Testament* (Oxford: Oxford University Press, 1969); Bertil Gartner, *The Temple and the Community in Qumran and the New Testament* (Cambridge: Cambridge University Press, 1965); Lucien Cerfaux, *The Church in the Theology of St. Paul* (New York: Herder & Herder, 1959). Os Evangelhos também implicam claramente que o próprio Jesus substitui o templo como a encarnação da presença de Deus, introduzindo assim um elemento adicional e significativo à imagem.

24 Veja Newton, *The Concept of Purity*, 86–97.

entanto, que exista um aspecto pessoal envolvido, já que, biblicamente, o relacionamento de alguém com Deus é pessoal, mas não individualista. Jo Bailey Wells argumenta que o uso dos termos "nação santa" e "povo santo" para se referir a Israel pretende enfatizar essa dualidade.[25]

A relação entre santificação e pureza

Um bom lugar para se concentrar na tentativa de entender a relação entre a santificação e a pureza é Levítico 10:10, onde o Senhor diz a Arão: "Você deve distinguir entre o santo e o comum, e entre o imundo e o limpo" (NRSV). Os dois pares a distinguir são antíteses — isto é, o santo é a antítese do comum, e o impuro é a antítese do limpo, o que implica pureza. A explicação de Gordon J. Wenham deixa claro o seu relacionamento: "Tudo o que não é sagrado é comum. Coisas comuns dividem-se em dois grupos, o limpo e o impuro. As coisas limpas tornam-se santas quando são santificadas. Mas objectos impuros não podem ser santificados. Coisas limpas podem ficar impuras se forem contaminadas. Finalmente, os itens santos podem ser contaminados e tornarem-se comuns, até mesmo poluídos e, portanto, impuros."[26]

A implicação dessas distinções pode ser melhor esclarecida pela lógica de inferência imediata. Podemos dizer que "todas as coisas [ou pessoas] santas são limpas," mas não podemos logicamente inferir que "todas as coisas [ou pessoas] limpas são santas," convertendo a premissa.[27] Somente aquilo que é limpo pode ser consagrado ou santificado. Como Wenham diz: "Qualquer pessoa ou coisa dada a Deus, torna-se santa. …Uma pessoa dedicada ao serviço de Deus é santa."[28] Ao ilustrar este ponto, Kathy Ehrensperger observa que "os animais considerados aptos para o propósito do sacrifício são puros, mas profanos até ao momento em que são realmente oferecidos como sacrifício; só então eles são considerados santos."[29] Não há graus de pureza, mas há graus de impureza (diferentes rituais de limpeza reflectem essa distinção), e há também graus de santidade determinados

---

25 Jo Bailey Wells, *God's Holy People: A Theme in Biblical Theology* (Sheffield: Sheffield Academic Press Ltd., 2000), 39.

26 Gordon J. Wenham, *The Book of Leviticus, The New International Commentary on the Old Testament* (Grand Rapids: William B. Eerdmans Publishing Company, 1979), 29.

27 Converter uma proposição afirmativa universal inválida infere uma universal de uma particular.

28 Wenham, *Levítico,* 22.

29 Ehrensperger, "'Called to be Saints,'" 101. "Common" and "profane" are synonymous. "Profane" literally means "outside the temple," which conforms to the Old Testament source of holiness with its prerequisite of purity. Cf. Richard Bauckham, "The Holiness of Jesus and His Disciples in the Gospel of John" in *Holiness and Ecclesiology in the New Testament,* ed. Kent E. Brower and Andy Johnson (Grand Rapids: William B. Eerdmans Publishing Company, 2007), 95–98, for a discussion of the antonyms "profane/holy" and "impurity/purity."

pela proximidade ao templo e ao seu coração, o santo dos santos.[30] Isto implica ainda que "santidade" e "pureza" não são sinónimos, mas que a pureza é o pré-requisito para ser santificado.

A narrativa do encontro divino-humano no Sinai na elaboração da aliança demonstra essa ordem teológica. O povo deve se preparar via rituais de purificação antes de entrar na presença de Yahweh e consagrar-se (santificar-se) a um relacionamento de aliança com Ele. Com base em sua exegese de 1 Coríntios 6:9-11, Sarah Whittle conclui: "A alegação de E. P. Sanders (...) que 'na vida atual, os cristãos foram santificados no sentido de purificados,' não faz justiça à soteriologia de Paulo, confundindo esses aspectos importantes e distintos. Ser lavado é ser purificado da impureza adquirida pela participação nas atividades definidas na lista de vícios [impureza moral e não ritual]; ser santificado é [ser] trazido para o reino do Deus santo; ser justificado é ser colocado num relacionamento correcto."[31]

A linha inferior parece, portanto, que o uso de "pureza" como sinónimo de "inteira santificação" é exegeticamente questionável,[32] e para o fazer, quando o entendimento de pureza é definido como a ausência de uma substância ontológica estrangeira em vez do pensamento bíblico, é montar o problema do "perfeccionismo" que atormenta o Movimento da Santidade desde o século dezassete. Biblicamente, parece exegeticamente sólido afirmar que a pureza, entendida no sentido culto como transformada através do evento de Cristo, é o pré-requisito para a santificação,[33] que é a consagração de qualquer um ou de quem é purificado pelo estabelecimento de um relacionamento de aliança com Deus (que inclui o perdão dos pecados [impureza moral]), tornando-se parte da comunidade de fé através do batismo (visto como um ritual de purificação; 1 Coríntios 6:11[34]). As metáforas de limpeza ou lavagem são assim mais apropriadamente usadas para o perdão dos pecados, a "lavagem da regeneração," "purificação de toda injustiça" (como um possível paralelismo hebraico para "nos perdoar nossos pecados" em 1 João 1:9), produzindo assim pureza, em contraste com a profanação da impureza moral em vez de impureza ritual.[35]

---

30 Jenson, *Graded Holiness.*
31 Whittle, "Purity in Paul" in *Purity: Essays in Bible and Theology.*
32 Ibid.
33 Jenson, in *Graded Holiness,* says, "Purity is a necessary but not sufficient condition for consecration. For example, potential priests must first of all be legitimate heirs of Aaron." But this restriction is transcended under the new covenant with the universal priesthood of all believers.
34 Isto não é sugerir a regeneração baptismal, mas que o baptismo simboliza a purificação da impureza moral efectuada pelo sangue de Cristo. Sarah Whittle, em "Purity in Paul" *(Purity: Essays in Bible and Theology)* correctamente observa que o pensamento de Paulo "também pode ter a purificação da expiação de Cristo em vista."
35 Paulo parece ter abandonado, como crítico, todo o conceito de pureza ritual e

Em pelo menos uma passagem, João Wesley chega muito perto de afirmar o mesmo entendimento no seu sermão "Sin in Believers":

> Nós permitimos que o estado de uma pessoa justificada seja inexprimivelmente grande e glorioso. ... É lavada, é santificada. O seu coração é purificado pela fé; é limpo 'da corrupção que está no mundo,' o amor de Deus é derramado no seu coração pelo Espírito Santo que lhe é dado. E enquanto ele 'anda apaixonado,' ele adora a Deus em Espírito e em verdade. Ele guarda os mandamentos de Deus e faz o que é agradável aos Seus olhos; assim exercitando-se a ponto de 'ter uma consciência desprovida de ofensa, para com Deus e para com os homens:' E ele tem poder sobre o pecado exterior e interior, mesmo a partir do momento em que é justificado.[36]

A admoestação de Paulo aos romanos salienta a implicação prática desta relação de graça: "Portanto, não permita que o pecado exerça domínio em seus corpos mortais, para que você obedeça às suas paixões. Não mais apresente os vossos membros ao pecado como instrumentos de iniquidade, mas apresente-se a Deus como aqueles que foram trazidos da morte para a vida, e apresente seus membros a Deus como instrumentos de justiça" (6.12–13, NVI). W. M. Greathouse implica a relação com a consagração que estamos a sugerir: "Emancipados da velha vida do pecado, enfrentamos uma nova possibilidade. Podemos voltar à velha vida, ou podemos colocar os nossos 'eus' redimidos à disposição de Deus."[37]

Neste sentido de entrar numa relação correcta com Deus, alguém pode ser santificado e desfrutar de um *status* de santo (1 Coríntios 1:2).[38] Isso, en-

---

impureza, mas foi considerada uma questão importante no contexto da missão gentia, uma questão que aparece no início do incidente de Cornélio (Actos 10:1-11:18). O uso generalizado de Actos 15:9 nos clássicos da santidade para demonstrar uma experiência de inteira santificação não leva em conta o facto de que o contexto da questão é a relação dos gentios com a lei judaica. Algumas fontes negam que os gentios fossem considerados ritualmente impuros, mas eram geralmente vistos como impuros no sentido moral (Romanos 1:18-32; ref. Jonathan Klawans, "Notions of Gentile Impurity in Ancient Judaism," *AJS Review* 20/2 (1995), 285–312, para que "purificar seus corações pela fé" refere-se à eliminação desta barreira para a plena participação na nova era. Além disso, falha em reconhecer o contexto de Actos 10, onde a linguagem refere-se explicitamente a uma entrada inicial na nova aliança. Cf. Chris Miller, "Did Peter's Vision in Acts 10 Pertain to Men or the Menu?" Em *Bibliotheca Sacra* 159 (Julho-Setembro de 2002), 302–17; J. Julius Scott, Jr., "The Cornelius Incident in the Light of its Jewish Setting," *Journal of the Evangelical Theological Society* 34 (December 1991), 475–84; Robert W. Wall, "The Acts of the Apostles" in *The New Interpreter's Bible* (Nashville: Abingdon Press, 2010).

36 João Wesley, *The Works of João Wesley,* 3rd ed., 14 vols. (Londres: Wesleyan Methodist Book Room, 1872), 5: 146–47. (Daqui em diante conhecido como *Works.*)

37 Greathouse, *Romanos 1–8,* 186.

38 No seu estudo sobre como Paulo usa o termo pureza ("Purity in Paul" in *Purity*), Sarah Whittle sugere que a sua antítese primária é "santa/impura" em vez de "pureza/impureza" como no Antigo Testamento, e a primeira é usada para descrever os meios

tão, torna-se a condição que qualifica alguém a consagrar-se completamente a Deus, como em Romanos 12:1.[39] Assim, a palavra de Paulo que "Cristo amou a igreja e entregou-Se por ela, para que Ele a pudesse santificar, *tendo-a purificado pelo lavar da água com a palavra*" (Efésios 5:25–26, RSV, ênfase adicionada) reflecte esta *ordo*. Assim, pode ser que toda a consagração possa ser a substância daquilo que poderia ser chamado de inteira santificação, o que Wesley frequentemente chamou de "olho singular" e claramente aquilo a que Paulo estava a referir no seu compromisso com a soberana vocação em Filipenses 3:12-16.

Neste ponto, a busca da imago *Dei* torna-se a paixão que tudo consome daquele que se consagrou à soberana vocação. A inteira santificação refere-se, então, àquele que foi purificado pela "lavagem da regeneração" e santificado ou tornado santo (um status resultante de uma relação com o Deus santo) e com base nisso consagrando-se à busca unilateral de Deus, como visto na imagem de Deus. Esta estrutura de experiência proposta resolve o problema que Wesley nunca resolveu e tem preocupado a atenção dos seus sucessores desde então, sem qualquer resolução real. Isso explica claramente como a santificação é, ao mesmo tempo, algo instantâneo e algo progressivo. Nesta identificação da inteira santificação com a ênfase de Wesley no "olho singular," não estou a dizer nada diferente de várias outras fontes nazarenas quando citam com aprovação o repetido aforismo de Soren Kierkegaard que "a pureza de coração é desejar somente uma coisa."[40]

A preponderância da linguagem de pureza em ambos os testamentos deve ser entendida no contexto do culto e está integralmente relacionada com a santificação, que é unicamente um termo cultual. No entanto, há outro uso significativo do termo, tanto directa como indirectamente, que é de natureza exclusivamente ética. Este uso corresponde à afirmação de Kierkegaard. Dois textos relacionados no livro de Tiago são bem claros neste ponto. Em 1:8, os de mente dividida são mencionados negativamente. A antítese da mente dividida é o compromisso focalizado. Em 4:8, os de mente dividida são admoestados a "purificarem os vossos corações" (NRSV). Aqui temos uma conexão directa entre a pureza e a antítese à da

---

pelos quais os gentios são trazidos para perto de Deus. Os gentios são impuros e na lavagem da regeneração eles são santificados, um status de relacionamento caracterizado como pertencente a Deus. Assim, ela conclui: "No plano de Paulo, os incrédulos são caracterizados como impuros e os crentes, caracterizados como santos."

39 Ehrensperger, em "'Called to be Saints'" (p. 102), argumenta que este versículo tem claras referências de um discurso de santidade: "Assim, semelhante a Israel no Monte Sinai, estes, como chamados em Cristo, estão agora no reino de Deus, o Santo, que os chama para serem santos," e ela relaciona a chamada para serem abordados em 1:7 como "chamados para serem santos."

40 Por exemplo, Purkiser, Taylor e Taylor, *God, Man, and Salvation*, 296.

mente dividida. É bem provável que esta seja também a implicação das bem-aventuranças: "Bem-aventurados os limpos de coração, porque eles verão a Deus" (Mateus 5:8).

Pureza e maturidade são logicamente complementares. Aquele que está focado em crescer em conformidade com o padrão de Cristo, por esse compromisso, estará avançando em direcção à maturidade. Embora não seja necessariamente uma crise emocional, o "momento" ocorre quando o crente assume um compromisso total a uma busca perpétua. Este padrão, ademais, conforma-se à experiência real de crentes sinceramente comprometidos com a vida santa.

10

Afeições

Anexo ao capítulo 14 da GF&S
"A Obra do Espírito Santo"

Tendo-se apercebido de que João Wesley equiparou a santidade à felicidade, e sempre tendo tido um interesse em ética, empreendi a tarefa de reler cuidadosamente os sermões de Wesley, à procura de todas as referências a esta ênfase. No processo, cheguei a ver com maior clareza o que ele realmente pretendeu com a sua compreensão da santificação, particularmente a inteira santificação.[1] O principal interesse de Wesley, como enfatizou GF&S, era nas doutrinas soteriológicas, sendo que ele as compreendeu como a obra restauradora de Deus na vida humana. Wesley viu todas as acções divinas restauradoras em termos de graça, e descreveu essa ênfase como "uma recuperação da imagem de Deus, uma renovação da alma à Sua semelhança."[2] Este objectivo da graça transformadora de Deus é descrito nestes termos:

> Não é apenas uma libertação de dúvidas e medos, mas do pecado; de todo o pecado interior e exterior; de maus desejos, e maus temperamentos, bem como de más palavras e obras. Sim, e não é apenas uma bênção negativa, uma

---

1 A discussão a seguir é informada pelo livro deste autor *The Quest for Happiness: A Wesleyan View of the Good Life* (CreateSpace Independent Publishing Platform, 2016).

2 Wesley, Works, 5:141. Essa passagem também revela uma das maiores ambiguidades do pensamento de Wesley. Como resultado de não fazer uma análise sistemática da expiação, ele continuou a usar a linguagem jurídica das teorias de satisfação prevalecentes, tal como referir-se à obra "meritória" de Cristo — em contradição com a compreensão da graça, conforme declarado na citação, como disse certa vez P. T. Forsyth, "a graça obtida é uma contradição em termos."

libertação de todas as inclinações do mal, implícita nessa expressão: "Eu vou circuncidar o teu coração;" mas também uma bênção positiva; até o colocar todas as boas disposições no seu lugar; claramente implícito nessa outra expressão: "Amar o Senhor, teu Deus, com todo o teu coração e com toda a tua alma."[3]

Wesley explica por que é tão importante lidar com as afeições desordenadas resultantes da queda, se a intenção divina para a humanidade é para ser realizada: "Todos os temperamentos profanos são desagradáveis; não só malícia, ódio, inveja, ciúme, vingança, criam um inferno presente no seio; mas mesmo as paixões mais suaves, se não forem mantidas dentro dos limites devidos, dão mil vezes mais dor do que prazer. ... Todas essas fontes gerais de pecado — orgulho, vontade própria e idolatria — são, na mesma proporção em que prevalecem, fontes gerais de miséria [infelicidade]."[4]

Esta análise sugere que toda a amplitude da compreensão de Wesley da santidade interior pode ser pesquisada em termos de afeições, temperamentos e paixões. De facto, este é o aspecto da graça que parece de maior interesse para Wesley na sua interpretação da salvação. Se pudermos seguir este tema através dos vários estágios da experiência cristã, ele provirá uma alavanca com a qual se poderá abordar de forma mais adequada a questão da santificação, pois é dessa maneira que Wesley enfatiza consistentemente o aspecto interior, ou experiencial, como a nota essencial da verdade religião.[5] Gregory Scott Clapper conclui: "O discurso teológico de Wesley, especialmente como encontrado nos sermões, é tão carregado de termos afectivos que é possível descrever todo o padrão de salvação em termos do processo de ganhar e aprofundar o padrão de afeições que manifesta a presença salvadora de Deus no ser humano."

Um Glossário da Terminologia "Afecto"

É importante entender a terminologia de Wesley se quisermos seguir a sua interpretação da experiência religiosa. A chave é encontrada na sua interpretação do aspecto "natural" da imago Dei. Inclui as capacidades de entendimento, vontade e liberdade, um trio que utilizou ao longo de sua vida. A distinção mais importante para os nossos propósitos é o uso de "vontade" para se referir às afeições. Este uso da vontade pode ser confuso, uma vez que, em uso contemporâneo, o termo se refere ao poder da autodeterminação. A análise de vontade de Wesley implica que as emoções

3 Wesley, "The Discoveries of Faith," *Works*, 7:237
4 Wesley, "The New Birth," *Works*, 6:72–73.
5 Gregory Scott Clapper, *John Wesley on Religious Affections: His Views on Experience and Emotion and Their Role in the Christian Life and Theology* (Metuchen, NJ: Scarecrow Press, Inc., 1989), 123.

constituem a disposição motivadora da pessoa.[6] A liberdade é consistentemente usada para a capacidade de escolha contrária, embora, por vezes, a vontade também seja usada dessa maneira, criando assim alguma ambiguidade.

Dois outros termos essenciais são necessários para um glossário wesleyano completo de experiência. "Temperamentos" são semelhantes aos afectos, mas referem-se a uma "disposição duradoura." Randy Maddox aponta que este era um uso comum da palavra no século dezoito para afirmar que as afeições humanas não precisam ser simplesmente transitórias; elas podem ser focadas e fortalecidas em disposições duradouras.[7] "Paixões" são usadas principalmente num sentido negativo como uma "descrição pejorativa de um qualquer estado afectivo."[8] Aparentemente, as paixões são vistas como as motivações dominantes na humanidade caída.

Os afectos antes da queda

Wesley descreve frequentemente, com considerável imaginação, o estado do primeiro par de humanos, recém-saído da mão de Deus. Num sermão inédito do início da sua carreira intitulado "A Imagem de Deus," ele descreve as três capacidades de entendimento, vontade e liberdade no estado original da humanidade.[9] O entendimento era infalível; nunca cometeu um erro ao distinguir a verdade da falsidade. "Muito maior e mais nobre era o seu segundo dom, a saber, uma vontade igualmente perfeita. ... As suas afeições eram racionais, e regulares — se nos fosse permitido dizer "afeições," pois, falando adequadamente, ele tinha apenas uma: o homem era o que Deus é, o Amor. O amor encheu toda a expansão da sua alma; possuiu-o sem rival. Essas qualidades imaculadas eram acompanhadas de liberdade, "a perfeita liberdade implantada na sua natureza e entrelaçada com todas as suas partes." O resultado destes todos — um entendimento infalível, uma vontade incorruptível [afeições] e liberdade perfeita — deu o último golpe à imagem de Deus no homem, coroando-os a todos com felicidade.[10] A partir dessas referências, torna-se óbvio que o afecto primário era o amor a Deus e ao próximo. Novamente, vemos a lógica da equação de santidade de Wesley com o amor, quando definida como a renovação da imago Dei.

---

6   Embora Wesley falasse em termos fortemente negativos de David Hume, o seu entendimento aqui é muito próximo do que Hume ensinou.
7   Maddox, "Reconnecting the Means to the End: A Wesleyan Prescription for the Holiness Movement," *Wesleyan Theological Journal*, vol. 33, no. 2 (Outono 1998), 41.
8   Clapper, *John Wesley on Religious Affections*, 54.
9   Wesley, *Works* (Albert C. Outler, ed.), 4: 292-303. (Daqui em diante conhecido como *Works*, Outler.)
10 Ibid., 293-95.

O impacto da queda nos afectos

Com o infeliz uso da sua liberdade de escolha em desobedecer à única proibição no jardim, a humanidade experimentou consequências devastadoras. Wesley usa o que, para o pensamento contemporâneo, é uma teoria estranha para explicar como o entendimento se tornou distorcido e obscurecido. O seu compromisso com uma teoria empirista de conhecimento (à la John Locke) levou-o a dizer que, uma vez que o entendimento é informado pelos sentidos corporais, o corpo foi corrompido primeiro, levando à comunicação distorcida do entendimento. Como resultado, "confundiu falsidade com a verdade e verdade com falsidade."[11]

Além da cegueira do entendimento, a vontade [afeições] foi corrompida. Embora houvesse apenas uma afeição no estado de integridade [amor], e ela estava direcionada a Deus, "agora era tomado por legiões de afeições vis. Pesar e raiva e ódio e medo e vergonha atacaram-na, toda a companhia de paixões terrenas, sensuais e demoníacas imputaram-se nela e desfizeram-na em bocadinhos. Além disso, sem a luz do entendimento correcto, a afeição do amor, incapaz de descobrir o seu próprio objecto [Deus] "inclinou-se sobre as insignificâncias pintadas, o veneno dourado dos prazeres terrestres." Isso explica porque as pessoas procuram a felicidade no mundo das criaturas, apenas para encontrar o desapontamento derradeiro. O seu amor está focado no objecto errado. A conclusão de Wesley é que "a consequência de estar escravizado a uma compreensão depravada e a uma vontade corrompida não poderia ser mais do que o reverso daquela felicidade que fluiu deles quando em sua perfeição."[12]

Além dessas distorções da *imago Dei,* a liberdade desapareceu. "A liberdade desapareceu com a virtude; em vez de um mestre indulgente, estava sob um tirano impiedoso. O assunto da virtude tornou-se escravo do vício." Este facto é a razão pela qual é impossível para uma pessoa efectuar a sua própria salvação, uma vez que o comportamento externo é uma expressão de uma condição interior. Se o único obstáculo para a aceitação de Deus fosse a interrupção de actos pecaminosos, e fazê-lo estivesse dentro do poder da vontade, uma pessoa poderia somente parar de realizar acções erradas e começar a obedecer aos mandamentos. No entanto, como Wesley disse, "é impossível ser feito, a menos que o teu coração seja

---

11 Ibid., 298. Wesley propôs a teoria, estranha aos ouvidos modernos, de que o fruto proibido continha um sumo que, quando ingerido no corpo humano, iniciava um processo que, em termos modernos, seria chamado de endurecimento das artérias e acumulação de colesterol na corrente sanguínea. Isto é que distorceu o instrumento do corpo, de modo que não pudesse contribuir com a verdadeira informação para a alma. Mas, na verdade, ele estava realmente à frente do seu tempo ao reconhecer estes factores como limitadores do tempo de vida humano.

12 Ibid., 299.

primeiro mudado. Porque, enquanto a árvore permanecer má, não poderá dar bons frutos."[13]

A condição do coração que está na raiz do problema é um sentimento errado. Numa pessoa não regenerada, as "afeições estão alienadas de Deus e espalhadas por toda a terra. Todas as tuas paixões, tanto os teus desejos como as aversões, as tuas alegrias e tristezas, as tuas esperanças e medos, estão fora de contexto, ou são excessivas no seu grau, ou colocadas em objectos indevidos."[14] Isso explica por que era tão importante enfatizar a necessidade do novo nascimento, ou regeneração, como o acompanhamento essencial da justificação, que é uma mudança [ética] relativa, mas não real.

Graça transformadora e os afectos

Mesmo na justificação, "o Filho de Deus atinge a raiz daquela grande obra do diabo — orgulho; fazendo com que o pecador se humilhe perante o Senhor, abominando-se a si mesmo, como se fosse pó e cinzas. ... Ele livra-os de procurar, ou da expectativa de encontrar, a felicidade em qualquer criatura ... restaurando ... o pecador em quem não habita coisa boa, amor e santidade; o pecador oprimido e miserável, a alegria inexprimível, a real felicidade substancial."[15]

A justificação pela fé salva ainda mais do sentimento subjectivo de culpa e, portanto, do medo, uma vez que os justificados receberam o "Espírito de adopção, pelo qual eles clamam, Abba Pai: o próprio Espírito também testificando com seus espíritos, que são filhos de Deus."[16]

Baseado nas Escrituras, tradição e experiência, Wesley afirma que após o momento da justificação/novo nascimento/regeneração, estas afeições permanecem no convertido, mas não inteiramente santificadas. Ele define-os como pecado interior, significando "qualquer temperamento pecaminoso, paixão ou afeição; tais como orgulho, vontade própria, amor ao mundo de qualquer tipo ou grau; tais como luxúria, raiva, mal humor; qualquer disposição contrária à mente que estava em Cristo." No entanto, através do novo nascimento, o crente ganha o poder para superar essas afeições erradas, mesmo que elas permaneçam.[17] Numa discussão de Paulo sobre o uso de "carne" (*sarx*), que, ele diz, que significa "natureza corrupta," ele desafia a tradução predominante de Romanos 7:16 que diz: "você não pode

---

13 Wesley, "The Way to the Kingdom," *Works,* 5:84. Este argumento deixa claro que aqueles que acusam Wesley do pelagianismo estão longe da verdade.
14 Ibid., 82. Wesley usa a palavra "estado" da mesma forma que o uso contemporâneo é expresso na frase "um estado de espírito," significando uma disposição ou afeição.
15 Wesley, "The End of Christ's Coming," *Works,* 6:275.
16 Wesley, "Salvation by Faith," *Works,* 5:10-11. Wesley também está a parafrasear Romanos 8: 15–16.
17 Wesley, "Sin in Believers," *Works,* 5:146-47.

fazer o que quereis" como sendo mais propriamente traduzido como "não tendes permissão para fazer o que quereis." A carne não supera o Espírito. Embora alguém possa "sentir a raiz da amargura em si, ainda assim é dotado de poder do alto para pisá-la continuamente com o pé."[18] No entanto, todos estes ficam aquém do amor perfeito; portanto, as disposições carnais e atitudes estão presentes. Antes da perfeição do amor na inteira santificação, o crente "era humilde, mas não inteiramente; a sua humildade estava misturada com o orgulho: Ele era manso; mas a sua mansidão era frequentemente interrompida pela raiva ou por alguma paixão desconfortável e turbulenta. O seu amor a Deus era frequentemente sufocado pelo amor de alguma criatura; o amor do seu próximo, por más suposições, ou algum pensamento, se não temperamento, era contrário ao amor. A sua vontade não estava totalmente submetida à vontade de Deus."[19]

Perfeição Cristã e os Afectos

No estágio superior da graça, que Wesley correlaciona com aqueles a quem São João se refere como "pais" (1João 2:13), amadureceu-se à "medida da estatura da plenitude de Cristo" (Efésios 4:13, KJV). O seu sermão "Perfeição Cristã" gasta grande parte da sua energia a defender a tese de que "um cristão é tão perfeito, para não cometer pecado," que é definido como uma "transgressão intencional de uma lei conhecida de Deus."[20] Isto aplica-se a todos os níveis de maturidade cristã, mas aparentemente os pais também foram libertados de maus pensamentos e temperamentos. Ele diz, num outro lugar, que neste nível de relacionamento, o Espírito Santo "purifica o coração do orgulho, da vontade própria, da paixão; do amor do mundo, dos desejos tolos e prejudiciais, das afeições vis e vãs. Além disso, as tribulações santificadas têm, através da graça de Deus, uma tendência imediata e directa para a santidade." Numa palavra, o Espírito lida redentivamente com todas aquelas tendências que nos impedem de buscar "toda a nossa felicidade em Deus."[21] Esta libertação não precisa esperar até à morte, mas é "forjada *neste mundo*," uma vez que as promessas bíblicas de limpeza de *todo* o pecado estão no tempo presente.[22]

No lado positivo, agora está presente o fruto do Espírito, incluindo aqueles relacionados mais directamente à felicidade: paz e alegria. A felicidade para a qual fomos feitos "começa quando começamos a conhecer a Deus." Assim que o Seu amor é derramado nos nossos corações, estamos

---

18 Wesley, "The First Fruits of the Spirit," *Works,* 5:88; veja também 91, 107.
19 Wesley, "On Patience," *Works,* 6:489.
20 Wesley, "Christian Perfection," *Works,* 6:19.
21 Wesley, "Heaviness Through Temptations," *Works,* 6: 101.
22 Wesley, "Christian Perfection."

felizes, mas não antes. Como resultado deste presente gracioso, "somos fe-lizes, primeiro, na consciência do Seu favor, que de facto é melhor que a própria vida; em seguida, na constante comunhão com o Pai e com o seu filho Jesus Cristo; então, em todos os temperamentos celestes que Ele ope-rou em nós pelo Seu Espírito; novamente no testemunho do Seu Espírito, que todas as nossas obras Lhe agradam; e, finalmente, no testemunho de nossos próprios espíritos, que "com simplicidade e sinceridade piedosa, ti-vemos a nossa conversa no mundo." À luz disso, os "verdadeiros cristãos li-vres" regozijam-se para sempre, oram sem cessar e em tudo dão graças. E a sua felicidade ainda aumenta enquanto que crescem na medida da estatura da plenitude de Cristo."[23]

Todas estas afeições positivas são o resultado da presença da única afei-ção definitiva, a saber, o amor. Na sua nota em Gálatas 5:22, Wesley reco-nheceu que "o amor é a raiz de todo o resto" do fruto do Espírito. Num outro lugar ele disse: "Do verdadeiro amor de Deus e do homem flui di-rectamente toda a graça cristã, todo o temperamento santo e feliz. E destes advém uma uniforme santidade de conversa [modo de vida].[24]

No seu sermão "Sobre o zelo," ele cria uma imagem criativa da pessoa santificada como uma sala do trono com amor, o monarca absoluto, no trono e os temperamentos sagrados como os assistentes da corte com boas obras como os soldados de infantaria:

> Num crente cristão, o *amor* está sentado sobre o trono, que é erigido no mais íntimo da alma ; ou seja, amor de Deus e do homem, que preenche todo o co-ração e reina sem rival. Num círculo próximo ao trono estão todos os tempe-ramentos santos — longanimidade, brandura, mansidão, fidelidade, tempe-rança; e se qualquer outro foi compreendido na "mente que estava em Cristo Jesus." Num círculo exterior estão todas as *obras de misericórdia,* seja para a alma ou para os corpos dos homens. Através deles, exercitamos todos os tem-peramentos santos; através deles, melhoramo-los.[25]

No entanto, há uma qualificação explícita deste optimismo da graça: "o Filho de Deus não destrói toda a obra do diabo no homem, enquanto ele permanecer nesta vida. Ele ainda não destrói a fraqueza corpórea, a doen-ça, a dor e as muitas enfermidades incidentes à carne e ossos. Ele não des-trói toda essa fraqueza de entendimento, que é a consequência natural da habitação da alma num corpo corruptível.[26]

---

23 Wesley, "The Unity of the Divine Being," *Works,* 7:269-70.
24 Citado em Maddox, *Responsible Grace,* 178.
25 Wesley, *Works,* 7:60. Observe que há um reconhecimento explícito de insuficiência, mesmo no inteiramente santificado que pode ser "continuamente melhorado."
26 Wesley, "The End of Christ's Coming," *Works,* 6:275.

Poucos questionariam esta qualificação, mas e quanto à afirmação de que o afectos e os temperamentos são purificados? Ao longo do seu sermão "Perfeição Cristã," ele repetidamente fez esclarecimentos e qualificações para evitar a acusação de "perfeição sem pecado." Além disso, de acordo com Albert Outler, havia três outros sermões escritos como qualificadores para este sermão: "Pensamentos errantes," "Sobre o pecado dos crentes" e "O arrependimento dos crentes."[27] Dois outros sermões, "The Wilderness State" e "Heaviness through Manifold Temptations," forneceram um retrato realista das flutuações da mente humana. Neste último, ele permitiu a possibilidade do "peso de espírito," mas insistiu que "não interferia de modo algum com a 'santificação do Espírito,' que é a raiz de toda a verdadeira obediência; nem com a felicidade que deve resultar da graça e paz reinando no coração."[28] Será que Wesley realmente tirou com uma mão o que ele tinha dado com a outra? Alternativamente, terá a reivindicação de perfeição morrido com a morte de mil qualificações? Talvez possa ajudar um esclarecimento cuidadoso do que Wesley realmente ensinou.

Muitos dos sucessores contemporâneos de Wesley expressaram reservas sobre as áreas afectivas nas quais ele parece ser firme na sua convicção. O teólogo wesleyano Henry Knight sugere que "nossa actual apreciação do papel dos motivos inconscientes nas nossas vidas faz com que as palavras de Wesley sobre a perfeição cristã pareçam irremediavelmente ingénuas, se não perigosamente presunçosas."[29] Até mesmo o próprio Wesley admitiu a presença universal na inteira santificação das manifestações que eram expressões menos que perfeitas da lei do amor. No seu A Explicação Clara da Perfeição Cristã, ele permite, "O melhor dos homens ainda precisa de cristo na Sua obra sacerdotal, para expiar as suas omissões, as suas falhas, os seus erros de julgamento e prática, e os seus variados defeitos." Pois estes são todos desvios da lei perfeita e, consequentemente, precisam de uma expiação."[30] No entanto, sob a premissa de que tais são inteiramente consistentes com o amor perfeito, ele resiste em classificá-los como pecado.[31] Pode ser útil explorar o modo como alguns dos sucessores de Wesley, eles mesmos comprometidos com o seu ensino sobre a inteira santificação, responderam às questões desse paradoxo.

Na sua dissertação, que examina a história da teologia de santidade na Igreja do Nazareno, Mark R. Quanstrom resume o ensino inicial da

---

27 Veja a introdução de Albert Outler a "Wandering Thoughts," *Works*, Bicentennial Edition, 2: 125–26.

28 Wesley, *Works*, 6:93-94.

29 Henry H. Knight III, *The Presence of God in the Christian Life: João Wesley and the Means of Grace* (Lanham, MD.: The Scarecrow Press, Inc., 1992), 1.

30 Wesley, *A Plain Account of Christian Perfection* (1766).

31 Wesley, *Works*, 11: 394-97.

"ortodoxia de santidade do século dezanove" enfatizando "a inteira santificação como uma segunda obra instantânea da graça que erradica a natureza pecaminosa, condicionada apenas pela fé e consagração que resultam em pessoas humanas quase glorificadas."[32] Num artigo no *God's Revivalist*, oferecendo a sua própria explicação para a "morte do Movimento de Santidade," Richard S. Taylor sugeriu uma razão as excessivas reivindicações feitas pelo movimento:

> No fervor imaculado do movimento, era fácil os pregadores prometerem demais. ... Pregadores de santidade frequentemente mantinham diante do povo uma experiência de perfeição quase absoluta, que almas conscientes e sensíveis sempre procuravam, mas que nunca conseguiam alcançar. Em alguns círculos radicais, o sexo era tabu mesmo no casamento, excluindo a procriação. Uma série de lapsos morais em lugares elevados despertou-os para esse erro. Mas outros mal-entendidos persistiram, como o de que a pessoa santificada seria sempre doce, calma e perfeitamente equilibrada em todas as circunstâncias. Em suma, a experiência, se realmente obtida, criaria, virtualmente da noite para o dia, um santo acabado.[33]

Na introdução de *A Century of Holiness Theology*, Quanstrom, continua com a descrição do declínio destas expectativas optimistas, que se tornaram "cada vez menos credíveis à luz da natureza aparentemente intratável do pecado," resultando numa "crescente insatisfação com as formulações tradicionais da doutrina." Este fenómeno, como ele descobriu, resultou num re-exame dos ensinos de João Wesley por académicos, estudiosos de santidade em busca de um entendimento mais viável.[34] Tudo isso explica a minha tentativa em *GF&S* de chegar a um acordo com essa situação insustentável que reivindicou perfeição e, ao mesmo tempo, a negou. Tentei fazer isso sem mexer demasiado nas águas, mas poucos entenderam isso e — comprometidos com uma tradição tão cheia de dificuldade — o meu trabalho foi atacado como sendo "subversivo" da teologia wesleyana quando, na verdade, foi uma tentativa de ir além do fracasso da tradição popular.

Uma linha de resposta pode ser encontrada na compreensão de Wesley da relação entre compreensão e vontade. Notámos anteriormente como Wesley ensinou que, antes da queda, a compreensão humana era capaz de distinguir infalivelmente a verdade da falsidade. Quando esta compreensão infalível foi unida a uma vontade incorrupta e uma perfeita liberdade, o resultado foi a felicidade perfeita. Por causa da queda, o entendimento foi obscurecido e distorcido, de tal forma que se tornou falível, o que, mesmo com as melhores intenções, resultou em erros. No entanto, a sua curiosa

---

32 Quanstrom, *A Century of Holiness Theology*, 11.
33 Taylor, "Why the Holiness Movement Died," *God's Revivalist* (Março 1999).
34 Quanstrom, *A Century of Holiness Theology*, 11.

explicação da falibilidade de entendimento não pode ser a resposta final para o problema. Na verdade, é baseado numa visão dualista da natureza humana contrária à antropologia bíblica. Até mesmo Wesley reconheceu, como vimos, que as afeições e as disposições foram corrompidas e distorcidas. Assim, com o melhor entendimento, o efeito debilitante da depravação total militava contra a perfeição do comportamento externo e das disposições internas. Este facto é a base para muito ceticismo contemporâneo sobre as exaltadas reivindicações de Wesley para a graça santificante. A solução seria a purificação das afeições; portanto, a questão crucial revolve em torno dessa possibilidade. Como pode ser justificada a alegação wesleyana à luz deste dilema?

Os afectos e a intenção

Se levarmos a sério a compreensão clássica do pecado original, o estado debilitado da natureza humana resultante da queda nunca será restaurado ao seu estado imaculado nesta vida. Portanto, há sempre a possibilidade, até mesmo a certeza, de não alcançar a perfeita lei de Deus. A resposta de Wesley a esse problema é antecipar a afirmação familiar de Soren Kierkegaard de que a pureza de coração é "um só desejo." A definição de pureza de Wesley como "desejando nada mais além de Deus; crucificando a carne com as suas afeições e luxúria; colocar as minhas afeições nas coisas de cima, não nas coisas da terra" parece concordar com a de Kierkegaard.[35] No entanto, isso só garante a intenção, não o desempenho.

Wesley professou ter descoberto esse paradigma pela primeira vez ao ler quatro obras no início de sua peregrinação cristã: os dois volumes de Jeremy Taylor, The Rule and Exercises of Holy Living and Holy Dying, The Imitation of Christ de Thomas à Kempis e A Practical Treatise on Christian Perfection e A Serious Call to a Devout and Holy Life de William Law. Dos dois primeiros em particular, Wesley apercebeu-se da importância da simplicidade de intenção e pureza de afecto. Com base nisso, mudou a ênfase na santificação da manutenção lei para a intencionalidade, que entrou em foco em termos de amor. Assim, ele veio a definir uniformemente a inteira santificação, ou perfeição cristã, como amar a Deus de todo o seu coração, alma, mente e forças, e ao próximo como a si mesmo. "Um amor como esse absorve todo o coração... ocupa todas as afeições... preenche toda a capacidade da alma e emprega a extensão máxima de todas as suas faculdades."[36] Isso reflecte o que passamos a chamar de "amor focado."

Várias ênfases de Wesley sugerem explicitamente esta maneira de interpretar a vida cristã mais elevada. Uma frase que ocorre com frequência é

35 Wesley, "The Witness of Our Own Spirit," *Works*, 5:141.
36 Wesley, "The Almost Christian," *Works*, 5:21.

"o único olho," uma frase retirada do Sermão da Monte e o título de um dos sermões de Wesley. Aqui aparece a influência dos livros mencionados acima. Um único olho inclui a simplicidade e a pureza, sendo o primeiro a intenção e o segundo referente às afeições. Isto significa que é a intenção do crente "em todas as coisas, pequenas e grandes, em toda a tua conversa [modo de vida], para agradar a Deus, para fazer não a sua própria vontade, mas a vontade daquele que o enviou ao mundo." Quando se refere às afeições, significa claramente amar a Deus com *todo* o seu ser. Ao comentar esta mesma experiência, ele diz: "Por essa simplicidade, sempre vê a Deus e pela pureza, ama-O."[37] Quando tanto a intenção quanto as afeições focadas estão presentes, dirigem o "entendimento, paixões, afeições e temperamentos," por causa dos quais a alma "deve ser cheia de santidade e felicidade."[38]

O sermão "On Dissipation" carrega a mesmo ênfase. O entendimento comum desse termo refere-se àqueles "que são violentamente ligados às mulheres, ao jogo, à bebida; à dança, bailes, corridas ou à triste brincadeira infantil de "perseguir raposas e lebres." No entanto, Wesley define como "descentralizar a alma de Deus." Ele admite, aqui, que este descentrar pode estar presente no crente em quem permanece a "mente carnal" e declara: "A cura radical de toda dissipação é a 'fé que opera por amor'."[39]

Uma das análises mais perspicazes da possibilidade de perfeição nesta vida é encontrada nos escritos de São Tomás de Aquino. Com base na visão de que a perfeição é o correlativo do conhecimento, Tomás de Aquino nega que é possível ser perfeito aqui e agora, tanto devido à natureza de Deus, que, transcende a compreensão humana quanto à limitação do conhecimento humano dos sentidos (como Wesley). No entanto, há outro tipo de perfeição que exclui "tudo contrário ao motivo ou movimento do amor a Deus." Esse tipo de perfeição é possível nesta vida de dois modos: "na exclusão da vontade de qualquer coisa contraditória ao amor, isto é pecado

---

37 Wesley, "On Dissipation," *Works,* 7:449.
38 Wesley, "On a Single Eye," *Works,* 7:297–99. Um pouco estranhamente, Wesley faz um julgamento de tudo ou nada sobre o único olho: "É certo que não pode haver suporte entre um 'olho singular' e um olho mau; pois sempre que não estamos voltados para Deus, estamos buscando a felicidade em alguma criatura," o que é idolatria. Isto é reflexo dos filósofos estóicos, que adoptaram a mesma visão exclusiva da virtude. Parece não deixar espaço para o crescimento, o que é claramente contrário à ênfase frequentemente repetida de Wesley, junto com a sua negação de que existe qualquer "perfeição de graus" que não admite um aumento contínuo. A resposta pode estar na dinâmica envolvida no conceito de "afectos habituais," semelhante a Tomás de Aquino, que parece ser o entendimento de Wesley sobre o desenvolvimento na santidade.
39 Wesley, *Works,* 7:449.

mortal e na rejeição da vontade de qualquer coisa que impeça a total disposição da alma ser para Deus."[40]

A descrição de Wesley da relação entre afectos inconsistentes com a mente de Cristo e a vontade parece ter a mesma implicação. Ao explorar os "pecados dos santificados," aos quais não há culpa ligada, ele diz: "Na proporção em que um desejo pecaminoso, ou palavra, ou acções é mais ou menos voluntário, assim podemos conceber que Deus está mais ou menos insatisfeito e há mais ou menos culpa na alma."[41] Por outro lado, o pecado não pode reinar no crente porque a sua vontade é "totalmente colocada contra todo o pecado... e qualquer tendência a um desejo profano, ele, pela graça de Deus, abafá-lo-à assim que surgir. Além disso, não estar aquém da perfeita lei de Deus devido à enfermidade é propriamente pecado, porque não tem "concordância da sua vontade."[42]

Isto deixa claro que a perfeição não significa que afectos, motivos, temperamentos ou disposições menos que perfeitos não possam surgir dentro de um indivíduo. Mas, significa que quando as afeições menos-que-perfeitas emergem de dentro, estamos conscientes do facto de que elas ficam aquém da "mente que estava em Cristo" e que elas não *estarão* presentes.[43] Esta maneira de ler a possibilidade da perfeição abre a porta para dois assuntos práticos, mas relacionados, que podem melhorar significativamente o cristão na jornada em direcção à plenitude e à felicidade.

Regulando os Afectos

Numa discussão extraordinariamente útil sobre a terceira bem-aventurança ("Bem-aventurados os mansos" [Mateus 5:5]), Wesley argumenta que a graça não extingue as paixões, mas permite-nos regulá-las. "Não destrói, mas equilibra as afeições, que o Deus da natureza nunca projectou que deviam ser extirpadas pela graça, mas apenas trazidas e mantidas sob as devidas regulamentações." Os mansos "não desejam extinguir quaisquer das paixões que Deus implantou na sua natureza, para fins sábios; mas eles têm o domínio de todas: eles mantêm todas em sujeição e usam-as apenas em subserviência a esses fins."[44]

Albert Outler encontra aqui um reflexo da influência de São Tomás de Aquino, mas a maneira como Wesley elabora esse princípio de regular as afeições é semelhante à maneira como Aristoteles explica a virtude moral.

40 Veja Paul Bassett e W. M. Greathouse, *Exploring Christian Holiness*, 137–138.
41 Wesley, "The First Fruits of the Spirit," *Works*, 5:93.
42 Wesley, "Salvation by Faith," *Works*, 5:11. Note aqui a ambiguidade no uso de Wesley do termo "vontade."
43 Cf. H. Ray Dunning, "Christian Perfection: Toward a New Paradigm," *Wesleyan Theological Journal*, vol. 33, no. 1 (1998).
44 Wesley, *Works*, 5: 263.

Mas, a ética de Tomás foi construída sobre a de Aristoteles. Aristoteles definiu uma virtude moral como um meio entre os extremos de excesso e defeito, entre muito e muito pouco (moderação). Este não era um meio matemático, já que as pessoas diferem muito; foi um "meio relativo a mim." Usando este princípio, ele explorou as várias virtudes da coragem, temperança, justiça, prudência, generosidade, etc. Wesley descreve a "mansidão" de maneira semelhante: "equilíbrio a mente correctamente. Ele mantém uma escala uniforme, no que diz respeito à raiva, tristeza e medo; preservando a média em todas as circunstâncias da vida e não declinando nem para a mão direita nem para a esquerda."[45]

Ao passo que Aristoteles desenvolveu o "Golden Mean" de maneira quantitativa, Wesley ensinou que as afeições deveriam ser reguladas de maneira qualitativa. Por exemplo, para Aristoteles, o significado de coragem era um ponto intermédio entre a cobardia (defeito) e a imprudência (excesso). Wesley, por outro lado, reconheceu que emoções como a raiva não deveriam ser eliminadas, mas controladas por critérios cristãos. Afinal, Jesus manifestou raiva ao expulsar os cambistas do templo; daí "nem toda a raiva é má."[46] Ele explica: "E assim, mesmo as paixões mais duras e desagradáveis são aplicáveis aos propósitos mais nobres; até o ódio, a raiva e o medo, quando ligados contra o pecado e *regulados* pela fé e pelo amor, são como muros e baluartes para a alma, de modo que o maligno não se pode aproximar para o ferir."[47]

Os meios da graça

A ética de Wesley é de natureza teleológica — isto é, é orientada ao alvo da santidade de coração e da vida, centralmente definida como "ter a mente que estava em Cristo." Esta abordagem à ética tem uma estrutura que vai de meios e fins. As práticas da vida cristã são ordenadas com o propósito de capacitar o crente a alcançar o objetivo.

A maneira popular de usar o termo "meio de graça" tende a restringir a sua aplicação a dois rituais ou ordenanças (para os protestantes) — o baptismo e a eucaristia. Wesley amplia consideravelmente o conceito e interpreta-o como significando "sinais exteriores, palavras ou acções ordenadas por Deus e designadas para este fim — para serem os canais *comuns pelos* quais [Deus] poderia transmitir aos homens a graça preventiva, justificadora ou santificadora." Estes incluem a oração, "pesquisando as Escrituras" (seja lendo, ouvindo [pregando] ou meditando sobre elas), assim como os

---

45 Ibid., foi adicionada ênfase.
46 Wesley, "Christian Perfection," *Works,* 6:17.
47 Wesley, *Works,* 5:263 (adicionada ênfase).

dois sacramentos habituais.[48] Enquanto os meios podem tornar-se um fim em si mesmos, isso é uma distorção. "Desde que tenhamos os olhos firmados no alvo, idealmente funcionaremos para criar uma conformidade cada vez mais íntima à perfeição do amor."

Os afectos e auto-engano

Isto dá azo à relevante questão da possibilidade da auto-decepção, um desafio que Wesley frequentemente enfrentou e que foi instigado contra a possibilidade de perfeição por críticos mais recentes. Apesar da sua repetida insistência na centralidade da pureza de intenção na vida santa, ele também afirmou que a sinceridade não é suficiente, mesmo citando o aforismo de que "o caminho para o inferno é pavimentado com boas intenções."[49] As intenções devem ter direccionadas. Num sentido mais geral, o propósito do amor é dirigir a compreensão, as paixões, as afeições e os temperamentos.[50] No entanto, uma vez que o amor é afeição, também pode ser susceptível à auto-decepção. Portanto, é preciso haver um meio de distinguir clara e solidamente os sentimentos subjectivos da "presunção de uma mente natural e da ilusão do diabo."[51]

A resposta de Wesley capturada num tipo de fórmula que diz: "A verdade e o amor unidos são a essência da virtude ou da santidade." A verdade por si só é importante, mas não é a essência da santidade. O amor, apesar da sua centralidade, não é suficiente, mas os dois juntaram-se. Qual é a fonte da verdade? É encontrada no Evangelho de Jesus Cristo.[52] Além deste princípio geral, Wesley ofereceu alguns critérios específicos para evitar a auto-decepção baseados em Filipenses 1:10-11. A sinceridade que é aceitável a Deus tem três propriedades:

> (1) Tem que dar frutos, os frutos da justiça, toda a santidade interior e exterior, todos os bons temperamentos, palavras e obras; e isso tão abundantemente que possamos ser cheios deles. (2) O ramo e os frutos devem derivar a sua virtude e o seu próprio ser da raiz de todo o apoio e suprimento, Jesus Cristo. (3) Como todos estes fluem da graça de Cristo, assim devem brotar da glória e louvor de Deus.

Consciente da potencialidade da auto-decepção na experiência individual, especialmente quando a religião era entendida em termos de afeições, Wesley agrupou os seus seguidores em classes, sociedades e grupos onde os cristãos podiam examinar-se uns aos outros e compartilhar aberta

48 Wesley, "The Means of Grace," *Works,* 5:187.
49 Wesley, "The Almost Christian," *Works,* 5:24.
50 Wesley, "On a Single Eye," *Works,* 7:301
51 Wesley, "The Witness of the Spirit," *Works,* 5:117.
52 Wesley, "An Israelite Indeed," *Works,* 7:45.

e honestamente o seu crescimento pessoal e lutas espirituais. Isto foi re-forçado pelo reconhecimento de que o cristianismo é uma religião social e "transformá-lo numa religião solitária, é realmente destruí-lo."[53]

Reorientando a perspectiva legal ocidental

A tradição teológica herdada por Wesley era nativa da igreja ocidental, que geralmente interpretava a vida cristã em categorias legais. O pecado, neste cenário, era visto como qualquer violação ou falha na conformidade perfeita com a lei. Consequentemente, como assinala Albert Outler, nes-te contexto teológico ocidental, "a perfeição cristã tornou-se a mais distin-ta, mas também a mais mal entendida, de todas as doutrinas de Wesley."[54]

De facto, a compreensão de Wesley da vida cristã foi mais influenciada pela perspectiva da igreja oriental, que via a transformação da pessoa hu-mana mais em termos de amor. Ele ressoou uma autêntica nota oriental ao identificar a verdadeira religião como uma participação na natureza di-vina.[55] Isto significava que Wesley estava a interpretar a obra santificadora do Espírito em termos de um paradigma diferente do que o prevalecente na cultura teológica do seu contexto na Inglaterra do século dezoito. Essa mesma tensão está presente no século vinte e um entre os evangélicos que, em grande medida, encaram a santificação como uma conformidade cres-cente com a lei e, portanto, como nunca alcançando a "perfeição." Se inter-pretado neste contexto, Wesley concordaria plenamente com a conclusão deles, assim como teriam que o fazer todas as pessoas realistas.

Podemos agora estar em posição de abordar a questão que está no cen-tro desta investigação e, em última análise, a resposta parece bastante sim-ples. Pode ser colocado na forma de um silogismo hipotético complexo, um tipo de argumento com o qual Wesley, como lógico, certamente estava familiarizado e usava. Se a perfeita conformidade com a imagem de Deus era a consequência da relação com Deus que existia no estado pré-queda da humanidade, e se o estado actual da humanidade sofre a privação e depra-vação resultante dessa tragédia, resultando na perda da felicidade, e tanto a Escritura como a experiência demonstram que não há estado de graça nes-ta vida presente que restaure a humanidade à "perfeição adâmica,"[56] então não há possibilidade de *plena conformidade* até a consumação final. Isto é o que Santo Agostinho e São Tomás de Aquino concluíram também, para não falar de São Paulo. No entanto, isto não exclui a possibilidade de uma

---

53 Wesley, *Works*, 5:296.
54 Outler, *Works*, 2:98.
55 Wesley, "Awake Thou That Sleepest," *Works*, 5:30. Ele leu 2 Pedro 1:4 para os seus devocionais na manhã de 28 de Maio de 1738, o dia de sua experiência em Aldersgate.
56 Veja o sermão de Wesley "Heavenly Treasure in Earthen Vessels," Outler, *Works*, 162–67.

consagração capacitada pela graça para a busca sincera da mente de Cristo como a própria essência da imagem de Deus. O que isso implica praticamente é explorado na nossa discussão subsequente da psicologia moral.

11

Psicologia Moral

Anexo ao capítulo 14 da GF&S
"A Obra do Espírito Santo"

Randy Maddox, em duas dissertações significativas, demonstra que "o modelo de santidade de coração e vida de Wesley foi conscientemente enquadrado dentro de uma psicologia moral muito específica [e] que os herdeiros imediatos de Wesley rejeitaram a sua psicologia moral, optando por uma psicologia alternativa, no âmbito da qual as suas ênfases distintivas em relação à perfeição cristã não faziam muito sentido."[1] A tese de Maddox é que esta mudança em psicologia moral é o principal factor no "mal-estar actual" do Movimento da Santidade e que retornar ao modelo de Wesley é o "plano mais promissor... para recuperar"[2] a sua relevância no mundo moderno. É precisamente essa abordagem que tenho procurado explorar em pesquisas e pensamentos recentes.

Embora, sem dúvida, poucos dos professores populares de santidade estivessem cientes disso, uma das principais razões para o abandono da "psicologia afectiva" de Wesley foi uma importante transição na tradição filosófica dominante nos Estados Unidos. O empirismo de John Locke, que tinha influenciado tanto Wesley quanto a Constituição americana, foi gradualmente substituído pela filosofia do realismo escocês ou filosofia do senso comum, desenvolvida por Thomas Reid em reacção ao empirismo cético extremo de David Hume.[3]

---

1   Maddox, "Holiness of Heart and Life"; and "Reconnecting the Means to the End."
2   Ibid.
3   George M. Marsden, *Fundamentalism and American Culture: The Shaping of Twentieth-Century Evangelicalism, 1870–1925* (New York: Oxford University Press, 1982), 14ff.

Na antropologia de Wesley, o termo "vontade" era usado para as afeições, e não para o poder da escolha contrária, como no uso contemporâneo. "Liberdade" foi o termo que ele usou para a função da pessoa neste
sentido. Assim, o aspecto motivador da pessoa humana eram as afeições, e
foi o ensinamento de Wesley que essas afeições poderiam ser cultivadas pelos meios da graça até que não fossem simplesmente transitórias, mas tão
focadas que se tornassem "temperamentos" duradouros. Identificou a essência da verdadeira religião como nada menos do que temperamentos sagrados.[4] Mas estes não foram experimentados instantaneamente. "Em vez
disso," como Maddox explica, "a graça regeneradora de Deus desperta nos
crentes as 'sementes' de tais virtudes. Estas sementes então fortalecem-se e
tomam forma à medida que 'crescemos na graça.' Dada a liberdade, este
crescimento envolve cooperação responsável, pois poderíamos, ao invés,
negligenciar ou sufocar a graciosa capacitação de Deus."[5]

Consistente com a filosofia do senso comum, que rejeitava a identificação da vontade com os afectos e insistia, em vez disso, que a vontade mani-
festaria o controle racional das decisões, a psicologia afectiva de Wesley foi
abandonada. O resultado da filosofia do senso comum era que "apenas os
actos intencionais têm status moral" e "os temperamentos habituais eram
amorais, se não subversivos, na verdade, da escolha verdadeiramente moral, já que operam com intencionalidade mínima consciente."[6] Essa perspectiva é claramente reflectida numa discussão do pecado original no início
do século vinte: "Como nenhuma dessas enfermidades tem, em si, uma
qualidade moral, não devem ser consideradas como parte da natureza adâmica moral depravada, ou pecado original."[7]

Esta foi uma transformação significativa do pensamento wesleyano,
uma vez que Wesley se referiu aos "temperamentos profanos" que perma-
neceram no regenerado como "pecado interior" e ocasionalmente referia-
-se a eles como pecado original. Os professores da "segunda benção," como
notámos, chegaram a distinguir o pecado original destes temperamentos
profanos e identificaram-no como um princípio "mais profundo e mais
distante," com "distorções nas nossas afeições sendo alguns efeitos secun-
dários."[8] Isto tornou-se a base de explicação das lutas dos crentes não santi-

---

Esta filosofia tornou-se a base do pensamento fundamentalista.

4 Wesley, *Works,* 7:56.
5 Maddox, "Reconnecting the Means to the End," 41.
6 Ibid., 45.
7 Taylor, *A Right Conception of Sin,* 97.
8 Esta interpretação é, sem dúvida, a base das difundidas expressões "substantivas"
   da teologia da santidade do século dezanove. Leroy E. Lindsey, "Radical Remedy."
   Lindsey sugere que a frase "mais fundo e mais atrás" foi introduzida no vocabulário de
   santidade pelo bispo metodista L. L. Hamline em 1869.

ficados. Ao contrário de Wesley, que acreditava que estes poderiam ser visados pelos meios da graça, "eles argumentavam que o verdadeiro obstáculo para a vida santa não são as inclinações erradas, que poderiam ser desarmadas ou remodeladas, mas esse princípio maligno mais profundo. ... A única coisa que bastará é que esse princípio seja inteiramente removido da vida do crente," e isso foi interpretado como ocorrendo numa experiência instantânea que veio a ser referida como o baptismo com o Espírito Santo. O resultado desta "erradicação do pecado original acompanhada da presença fortalecedora do Espírito [seria] o *controlo racional e espontâneo* sobre as suas afeições."[9]

Uma expressão clássica dessa posição é encontrada nos *Milestone Papers* de Daniel Steele: "A grande obra do Espírito Santo na inteira santificação, que é sempre instantânea de facto, e geralmente instantânea na consciência do crente, é rectificar a vontade, equilibrar a vontade de paixões correctas, conter todos os inocentes e erradicar todos os apetites profanos, e entronizar a consciência sobre um reino no qual nenhum rebelde se esconde."[10]

Essa análise demonstra, entre outras coisas, porque é que é Wesley sugeriu no início do reavivamento que a inteira santificação era uma experiência madura que normalmente ocorria apenas perto do fim da vida, após um longo período de crescimento a habituar as afeições. Também explica o testemunho difundido de tantos que cresceram sob a pregação informada por essa "psicologia moral" de Reidian que se desiludiu com o ideal após repetidas tentativas de experimentar o "controle racional e espontâneo das suas afeições ou paixões." Isso seria especialmente verdadeiro para a adolescência, que é por natureza um período de tempestade e stress, com as hormonas a despertar e outras tensões com força total tanto interna quanto externamente.

9 Maddox, "Reconnecting the Means to the End," 49-50.
10 Daniel Steele, *Milestone Papers*, Digital Edition, 07/14/95, Holiness Data Ministry, 65.

12

Supersessionismo (Teoria da Substituição)

Anexo ao capítulo 16 da GF&S "A Comunhão dos Santos"

Na minha discussão sobre a igreja como o "novo Israel," não acredito que tenha sido suficientemente cuidadoso para evitar o supersessionismo (teoria da substituição): a crença de que os gentios invalidaram ou substituíram Israel, de modo que haja um muro de separação entre Israel e a Igreja. Em contraste, a ênfase central de Paulo é que a aliança com Abraão sempre foi planeada para incluir gentios e judeus.

Entretanto, é verdade que pelo menos os dispensacionalistas iniciais tinham como um dos seus alicerces básicos uma distinção eterna entre judeus e gentios, tornando assim a igreja mais ou menos um acidente que surgiu dos judeus que rejeitaram a Jesus como Messias. Mas, na visão deles, o plano de Deus para um reino judaico acabará por ser cumprido no fim dos tempos. Para sustentar essa visão, seria preciso rejeitar o Novo Testamento, visto que em Cristo essa distinção foi abolida, de modo que agora não há judeu nem grego. Ambos podem tornar-se cidadãos do reino confessando Jesus como Senhor.

O "novo Israel" previsto no Novo Testamento não conhece distinções étnicas; em vez disso, todos são incluídos com base no único crachá de identificação para o reino — a fé em Jesus. Da perspectiva cristã, tanto judeus como gentios tornam-se parte do povo de Deus através desta fé.

Este é o ponto do argumento cumulativo de Paulo, como enunciado em Romanos 9-11.

13

Marcas da Igreja

Anexo ao capítulo 16 da GF&S
"A Comunhão dos Santos"

Identificar o significado da marca tradicional da igreja como *sagrada* tem sido objecto de muita discussão, uma vez que tem sido difícil definir completa e adequadamente. As explorações sobre o conceito de pureza discutidas anteriormente parecem-me fornecer a entrada mais proveitosa para a questão. Estou-me a referir ao conceito de santidade como um *status* que resulta de uma relação com o Deus santo. Usando o nosso método hermenêutico sugerido, podemos facilmente deduzir as implicações dessa marca da relação de Israel com Yahweh como santo.

A santidade de Israel como resultado da relação de aliança é um status. Êxodo 19:3–6 (NRSV) descreve a natureza desse status:

> Então Moisés subiu a Deus; o Senhor o chamou do monte, dizendo: Assim falarás à casa de Jacó, e diz aos israelitas: Viste o que fiz aos egípcios, e como te levei sobre as asas das águias, e te trouxe a mim. Agora, pois, se obedeceres à minha voz e guardardes o meu concerto, serás a minha possessão preciosa de todos os povos. De facto, toda a terra é minha, mas você será para mim um reino sacerdotal e uma nação santa. Estas são as palavras que falarás aos israelitas."

Yahweh — através de Moisés — recita o relato da sua libertação de Israel no êxodo como a base sobre a qual lhes oferece um relacionamento de aliança que tem o carácter de exclusividade. Ele será o Deus deles e eles serão Sua "possessão preciosa." Esta relação especial é o que os define como "uma nação santa." Este relacionamento significa que a santidade corporativa de Israel depende primariamente da eleição e apenas secundariamente da santidade individual dos israelitas.

É o mesmo com a igreja hoje: no Novo Testamento, a santidade não se refere apenas ao nosso relacionamento com Deus como indivíduos, mas também ao relacionamento da igreja com Deus e ao nosso relacionamento com a igreja. No entanto, este aspecto da relação é facilmente pervertido, a menos que se reconheça que o povo santo de Deus também é, em relação às "nações," um "reino de sacerdotes." Este aspecto da vida nacional expressa a sua vocação (1 Pedro 2:9) Assim, a aliança implica tanto privilégio como responsabilidade, tanto relacionamento como vocação.

Esta perspectiva informa a saudação de Paulo à igreja de Corinto, que tem sérios problemas éticos. Ele dirige-se-lhes como "santificados em Cristo Jesus, chamados a ser santos" ou "santos." Aqui vemos que, sendo santificados (ou seja, separados para pertencer a Cristo), eles têm o status de "santo," que é a base sobre a qual eles são chamados a ser eticamente santos.

14

Crescimento na Graça

Anexo ao capítulo 14 da GF&S
"A Obra do Espírito Santo"

É instrutiva a forma como a análise em GF&S do crescimento na graça se integra com o entendimento de toda a santificação proposta nessas anotações. Tomados em conjunto, ambos ressoam com certas ênfases importantes de João Wesley. Como os estudantes de Wesley geralmente concordam, a sua compreensão da ética é de natureza teleológica — isto é, a sua dinâmica é a busca de um ideal e não o seguimento de regras. "Não é, certamente, a observância de regras como prova de haver alcançado a perfeição."

Wesley uniformemente identifica o *telos* como a renovação à imagem de Deus. Esta breve descrição da ética teleológica é relevante neste caso, uma vez que, para uma interpretação correcta das Escrituras, um dos dois principais significados da santificação é de natureza ética. Como observado anteriormente, o termo é usado para se referir à acção divina de transformar a pessoa purificada num relacionamento com Deus, constituindo-a assim como sagrada — um status. Com base nesse status, eles são então exortados a manifestar esse status em santidade ética, tanto externo quanto interno. Observámos ainda que, para Wesley, o aspecto interno é interpretado em termos de "afectos" como o elemento motivador da pessoa. Sugerimos ainda, como o resultado de uma cuidadosa exegese de certas passagens relevantes, que a *inteira santificação pode ser melhor descrita como uma total consagração da pessoa no seu todo à busca da imagem de Deus.*

Este entendimento é vivamente descrito como a sua própria experiência pelo apóstolo Paulo em Filipenses 3:12–16. Nesta passagem ele descreve a perfeição que reivindica como caracterizada pela busca inabalável da perfeição que ele nega. Nesse ponto, o padrão de crescimento descrito em GF&S torna-se relevante. Reflecte o que, na nomenclatura ética, é chamado de "ética da virtude." A expressão clássica deste padrão é o filósofo Aristoteles, e Wesley aparentemente foi profundamente influenciado por Aristoteles, cuja filosofia ele estudou como aluno em Oxford. Esta forma de ética experimentou um ressurgimento de interesse em tempos recentes. Uma aplicação significativa disso à ética cristã é um livro de N. T. Wright intitulado *After You Believe*. Wright ressalta que Aristoteles desenvolveu um padrão triplo de transformação de carácter semelhante ao que eu propus em GF&S: "Primeiro existe o 'objetivo,' o telos, a última coisa que pretendemos; existem os passos que toma em direcção a esse objectivo, os "pontos fortes" do carácter que permitirão que chegue a esse objectivo; e há o processo de treino moral pelo qual essas "forças" se transformam em hábitos, se tornam uma segunda natureza."[1]

Esta forma de ética tem uma estrutura de meios e fins. João Wesley enfatizou fortemente este aspecto da busca do cristão pela imagem de Deus. Numa carta a um do seus correspondentes, declarou: "Para amar a Deus, devo ser como ele, santo como ele é santo; o que implica tanto ser puro de paixões viciosas e tolas como o ser confirmado nessas virtudes e afeições racionais que Deus compreende na palavra "caridade." A fim de erradicá-los da minha alma e plantá-los no seu lugar, devo usar *(1) tais meios como ordenados por Deus, (2) como recomendados pela experiência e pela razão.*[2]

Numa carta a um dos seus pregadores que criara problemas para o movimento alegando "perfeição sem pecado," João Wesley condenou o seu ensino como "entusiasmo" (fanatismo) por, entre outras coisas, "esperar o fim sem os meios."[3] Mildred Wynkoop enfatizou o mesmo ponto ao criticar o paradigma da teologia do século dezanove, ao descrevê-la como envolvendo um conceito mágico. Ela diz que "qualquer conceito de obter o que queremos sem recorrer aos meios adequados é crença em magia... pois o problema [da humanidade] não é uma subestrutura de alguma substância alienígena apegada à alma, mas a [nossa] própria alienação de Deus."[4] É importante enfatizar nesta altura que não estamos a falar apenas de outro

---

1   N. T. Wright, *After You Believe: Why Christian Character Matters* (New York: HarperOne, 2010).

2   Wesley, "Letter to Aspasia," July 19,1731 (adicionada ênfase).

3   Citado em Patrick Alan Eby, *The One Thing Needful: The Development of Charles Wesley's Theology of Restoration of the Image of God* (2010), 198.

4   Wynkoop, *A Theology of Love,* 164.

programa de auto-ajuda. Assim como Paulo declarou que a confissão de que "Jesus é Senhor" precisa da capacitação do Espírito Santo, também o acto da completa consagração à busca do *telos* da imagem de Deus segundo o padrão da ética da virtude não é uma capacidade humana sem auxílio

A visão do objectivo à parte da intervenção divina pode se tornar um ideal ilusório, como Santo Agostinho descreveu no seu *Confessions*. Após buscar a verdade através de várias filosofias, ele finalmente descobriu os escritos dos platonistas (neoplatonismo) e sentiu que tinha "encontrado a imutável e verdadeira eternidade da Verdade, acima de minha mente mutável." Mas, queixosamente, declarou: "Eu não fui capaz de fixar o meu olhar nela; e a minha fraqueza tendo-me conquistado, fui atirado novamente nos meus hábitos costumeiros, levando consigo nada além de uma lembrança amorosa e um apetite por algo que tinha, por assim dizer, cheirado, mas ainda não era capaz de comer." Ele descreveu a sua experiência numa linguagem pitoresca: "Uma coisa é, do cume arborizado da montanha, ver a terra da paz e não encontrar o caminho para lá... e outra é continuar no caminho que vai para lá." Encontrou a resposta "naquele mediador entre Deus e o homem, o homem Jesus Cristo."[5]

As palavras de Paulo em 2 Coríntios 3:18 enfatizam a mesma verdade: "E todos nós, que com os rostos descobertos contemplamos a glória do Senhor, estamos sendo transformados à sua imagem de glória em glória, que *vem do Senhor, que é o Espírito*" (ênfase adicionada).

O estado decaído da humanidade é reflectido no facto de que a lista de assuntos impuros ou malignos a que Jesus Se referiu como vindos do coração em Marcos 7:14-22 não são comportamentos e afectos que precisam ser aprendidos. Como observa N. T. Wright, "Estas são coisas, infelizmente, que não precisam ser trabalhadas. Não é preciso pensar no desafio de como realizá-las e praticar muito, porque elas são muito difíceis e exigentes. Não: elas brotam, espontaneamente e sem impedimentos, de dentro, mesmo de dentro de nós, criados e educados em tradições de piedade, devoção, adoração, estudo e autonegação."[6] Em contraste, as virtudes da vida santificada têm que ser trabalhadas em cooperação com a obra do Espírito. Embora este padrão seja semelhante a Aristoteles, como os modernos éticos cristãos reconhecem (e, como Wesley personificou), é aqui que reside a diferença. Mas mesmo depois do dom do Espírito Santo no Pentecostes, os primeiros cristãos ainda tiveram que lutar para implementar os ideais das imagens do reino de Deus contadas por Jesus, sugerindo que não há cura mágica para a condição humana à parte da cooperação humana com a graça divina. O resumo de N. T. Wright acerta no alvo: "O cristão acredita

5 Augustine, *Confessions,* Book VII.
6 Wright, *After You Believe,* 110.

que a virtude é em si uma obra da graça, não é uma obra que acontece automaticamente, facilmente, ou sem o equivalente cristão do duro esforço moral do qual os teóricos pagãos [Aristoteles, e outros] falaram."[7]

O progresso na vida santificada não ocorre num vazio. Ocorre apenas no contexto de situações que exigem uma resposta à luz do ideal. Como escolhemos responder a dificuldades reais, oposição ou contrariedades, cria carácter, seja bom ou mau. É aqui que a ênfase wesleyana no "olho singular" como sinónimo virtual de toda a santificação é vista como importante, reflectida no relato de um sermão de Carlos Wesley: "Em 14 de março de 1736, Carlos falou à sua pequena congregação sobre a aventura que eles estavam a começar em Frederica. Ao falar-lhes, ele voltou a um tema que continuaria a ser o foco principal da sua teologia; desafiou-os a ter um "olho singular," focado na "única coisa necessária, nomeadamente a recuperação da imagem de Deus."[8] No início, os metodistas de Oxford interpretaram "o olho singular" de forma que pode ser considerada extremamente ascética — ou seja, ficando solteiros. Carlos modificou a sua compreensão tanto como resultado do seu casamento como em relação aos seus filhos musicais.[9]

Praticar actividades até se tornarem uma segunda natureza é, ou pode ser, algo como estímulo e resposta. O ditado "a prática leva a perfeição" é apropriado aqui. Como o golfista profissional Gary Player disse quando lhe disseram que tinha sorte, "Sim, e eu percebi que quanto mais pratico, mais sorte tenho." Participantes de desportos passam por situações repetidas, de modo que, quando essas situações ocorrem em competições ao vivo, responderão imediatamente de forma correcta. Sempre tive admiração pelo pianista que tocava uma música difícil sem olhar para o teclado, enquanto conversava com alguém sobre outra coisa — uma habilidade que é, sem dúvida, o resultado de horas e horas de prática. Mas a disciplina recente da ciência do cérebro também sugere que há uma mudança estrutural no cérebro como resultado de respostas repetidas a situações desafiadoras. Muito sugestivo!

Mas o que a teologia wesleyana e a ética bíblica ordenam como discípulos semelhantes a Cristo vai além do comportamento manifesto e inclui o que Wesley chamou de afeições. Os afectos não são simplesmente sentimentos passivos para Wesley, são disposições motivadoras da pessoa. Na sua expressão ideal, integram as dimensões racionais e emocionais da vida humana numa inclinação holística para escolhas ou acções específicas.

---

7 Ibid.
8 Eby, *The One Thing Needful*, 1. Veja o sermão de John Wesley's "On a Single Eye," *Works*, 8:297-305
9 Ibid., 23.

Assim, o exemplo primordial de uma afeição para Wesley é o amor de Deus e ao próximo."[10] Por habilitação divina e compromisso responsável por parte da pessoa, podemos desenvolver virtudes habituadas e, assim, reflectir cada vez mais consistentemente a imagem de Deus.

---

10 Maddox, *Responsible Grace*, 46.

www.ingramcontent.com/pod-product-compliance
Lightning Source LLC
Chambersburg PA
CBHW021142020426
42331CB00005B/862